a r s　i n c o g n i t a

何が進学格差を作るのか

社会階層研究の立場から

鹿又伸夫 著
Nobuo Kanomata

慶應義塾大学三田哲学会叢書

目次

はじめに――出身家庭背景と教育格差――7
1. 出身階層と貧困による格差　7
2. 格差発生源としての出身階級・階層　10

I――進学移行と機会格差――15
1. 進学・学歴の機会格差　15
2. 移行モデル　19
3. 進学移行と進学格差　20
4. 経済状態による進学格差　24
5. 家族的特徴による進学格差　27
6. 親の職業による進学格差　31

II――出身家庭背景から進学格差までのメカニズム――34

1. ウィスコンシン・モデル　34
2. 文化資本論　38
3. 相対的リスク回避説　41
4. トラッキング説　45
5. 諸説の混在　48

III――進学格差の分析――52
1. 進学移行とトラック　52
2. 有力説のモデル化　55
3. 進学のモデル比較　59
4. 推定された変数効果　64
5. 直接的影響力の比較　68
6. トラッキングによる媒介関係　73

IV――媒介メカニズム――77
1. 学業成績と進学意欲の分析　77

2. 進学分岐までの媒介メカニズム　83
3. 有力説の経験的適合　85
4. 意欲・成績・トラッキング　87
おわりに——さらなる疑問——91
文献　106

はじめに――出身家庭背景と教育格差

1．出身階層と貧困による格差

二〇一四年三月に発表された全国学力調査（平成二五年度全国学力・学習状況調査「保護者に対する調査」）の結果では、家庭の年収が多いほどそして親の学歴が高いほど、子ども（小学六年生と中学三年生）の学力が高い（成績が良い）ことを報告している（http://www.nier.go.jp/13chousa/keinen_chousa.htm）。国が全国調査で家庭の年収とこどもの学力の関係についてまで調べたのは初めてだが、生育家庭による教育格差について二〇〇〇年代に入ってから活発に議論されるようになったことに後押しされたものだろう。

二〇〇〇年頃から、生育家庭による教育格差についての学術的研究では、とくに親の学歴・職業・所得など階層的地位によって子どもの学習意欲、学習行動そして学力（成績）の格差が生まれ、その結果として進学と学歴の格差が作りだされると議論されるようになった（苅谷 2001, 2008; 苅谷・志水編 2004; 耳塚 2007）。意欲と学力を媒介する出身階層による進学格差論である。また最近では経済的貧困が増加して、貧困のなかで育った子どもたちが進学できないことが貧困の世代間連鎖を作りだすと懸念されている（阿部 2008）。一九八〇年代以降の日本では貧困が増加してきて、二〇〇九年の相対的貧困率は一六％、子どもの貧困率は一五・七％におよんでいる（厚生労働省 2011）[1]。

これらの生育家庭の特徴つまり出身家庭背景と進学・学歴格差を結びつける議論では、社会階層の研究とくに地位達成や教育達成にかんして蓄積されてきた成果が応用されている。地位達成の研究は、人びとが獲得した階層的地位つまり「学歴（学校教育をうけた年数）」「初職」「その後の職業（とくに調査時の現職）」「所得」にたいして、出身家庭の階層（親の学歴や職業）や家族的特徴、社会心理的要因など、時間的に先行する多様な要因それぞれがどれほど影響するかを検討するものである。教育達成の研究では、地位達成の一部である学歴に焦点をあて、これにたいする各要因の影響を検討する。

地位達成研究では、Blau and Duncan（1967）の研究が著名だが、とくにウィスコンシン大学の研究者が中心になって進められ、ウィスコンシン・モデルまたは地位達成モデルと呼ばれる研究が発展した。その中で教育達成については、(他の要因の影響とともに)良い学業成績と高い進学意欲が教育年数を高める強い直接的な影響関係が、一九六〇年代末から数多くの研究で報告されてきた。こうした諸研究は、進学・学歴格差の発生源を出身階層(親の職業と学歴)だけにもとめるものではなかった。ところが、前述した意欲と学力を媒介する出身階層による進学格差論を提起した苅谷(2001)は、進学と学歴の格差について、出身階層を起点とする《出身階層→意欲と学力(成績)→進学と学歴の格差》という媒介的影響関係から説明しようとした。つまり、意欲と成績から学歴(教育年数)への強い直接的影響という既存の成果にもとづく一方で、進学・学歴格差の発生源を出身階層にもとめるものだった。

他方で貧困の世代間連鎖という議論も、次のような影響の連鎖的プロセスを想定している点で、地位達成研究の成果にもとづいている。その想定は、経済的に苦しい家庭に育った子どもは進学を制約されて学歴が低くなり、低学歴の子どもは就職でも不利になって良い職に就けず、その後の所得にまで影響するというものである。《貧困

→非進学・低学歴→不利な就職→低所得の職業→貧困》という連鎖が世代的に繰り返される不利なルートである。この不利なルートは、地位達成研究が明らかにしてきた《階層を含む出身家庭の特徴→学歴→初職→その後の職業→所得》という影響関係について、出身家庭の不利な経済状態と不利な学歴・職業・所得に焦点をあてたものである。不利なルートにおける最初の《貧困→非進学・低学歴》という影響関係は、貧困による進学格差を意味しており、不利なルートに入るか否かを左右する。ただし、不利なルートにおけるそれぞれの影響関係がどれほど強いのか、貧困の世代間連鎖がどれほど生みだされているのかは、いまのところ確実な証拠はえられていない。

2. 格差発生源としての出身階級・階層

このように、階級論の立場にたつものも含めて社会階層研究は、出身家庭背景と教育格差の関係を解明することに寄与してきたが、混迷状況も現れてきた。それは、複数の有力説の立場からの実証研究が増加して、進学・学歴格差をもたらす要因と媒介メカニズムについて、どの立場の主張が確かなのかわからないという状況である。地位達成・教育達成研究に対抗するように、一九八〇年代以降に文化資本論、一九九〇年代以降に相対的リスク回避説の立場にたつ研究が活発化し、二〇〇〇年代に入ってトラッキング説にもとづく研究も現れてきた。

文化資本論では文化資本を、相対的リスク回避説では合理的選択（合理的行為）を構成概念（理論の中心概念）として、進学・学歴格差と階級再生産を説明しようとする。階級再生産とは親子二世代間で職業階級が同じになることである。文化資本論によれば、上流階級がもつ文化資本を労働者階級はもたず、そのため階級間に進学・学歴格差が現れる。相対的リスク回避説では、利害得失を予想して判断する合理的な行為者を想定し、上層階級と下層階級では、進学と高学歴獲得からえられる利得のとらえかたとそれにもとづく進学行動が違うことを重視する。進学について上層階級では得になると考えるが、下層階級では得になるとは考えない。文化資本論と相対的リスク回避説はともに、出身階級による進学・学歴格差そしてその結果としての階級再生産を強調する。

もう一つの有力説となってきたトラッキング説では、学校やクラスの種別、履修するカリキュラムの相違などが、進路・進学先を制度的・構造的に経路づけて、進学と学歴の格差を作りだすことを重視する。たとえば、進学校や進学クラスへの所属がより高い教育段階への進学や合格が難しい学校への進学に結びつく進学ルートを強調する。

文化資本論と相対的リスク回避説にもとづく研究で解くべき課題とされた疑問は、「なぜ出身階級が進学と学歴の格差をもたらすか」だった。文化資本論も相対的リスク回避説も、学歴、職業、経済状態など多様な側面からとらえる「階層」というよりも、職業からみた「階級」を重視する。そして、出身階級による進学と学歴の格差から、階級再生産をもたらすメカニズムを説明しようとする。

文化資本論と相対的リスク回避説は、進学・学歴格差の発生源を出身階級とみなして、出身階級による進学格差に説明対象を限定する階級還元論的な性質をもつ。前述した日本での出身家庭による教育格差にかんする議論は、親の職業だけでなく親の学歴や所得も進学・学歴格差の発生源とみる点で、階級還元論というよりも階層還元論の性質をもつ。また、社会階層研究としてトラッキングを扱う研究では、出身階級・

階層から進学ルートへの影響が強調されている点で出身階級・階層に還元する傾向がある。ただし、その傾向は、出身階級・階層と他の要因の影響力を比較する研究もあるので、それほど強いものではない。

これらとくらべると、ウィスコンシン・モデルによる教育達成の研究が課題としたのは、むしろ「出身家庭背景と個人特性がどのように進学と学歴の格差をもたらすのか」という疑問に答えることだった。そのため、親の階層的地位だけではなく出身家庭のさまざまな条件、意欲と成績、そして認知的能力（知能）などの影響力を比較しながら、これら諸要因間の媒介メカニズムを解明しようとしてきた。

社会階層研究の近年の研究動向では、文化資本論や相対的リスク回避説など、進学と学歴の格差を出身階級・階層を起点とする媒介メカニズムから説明する議論に脚光があてられてきた。そうした媒介メカニズムに注目することは、出身階級・階層による進学と学歴の格差が膨大な数の既存研究で確認されてきたことからすれば不適切ではない。しかし、進学と学歴の格差を作りだす発生源が階級・階層に限らないという観点からすると、階級・階層に格差を還元する説明では限界があるのかもしれない。

本書ではこれ以降、進学と学歴の格差の発生源を階級・階層に限定しない立場から、日本の進学と学歴の格差について、文化資本論、相対的リスク回避説、トラッキング説、ウィスコンシン・モデルによる説明を評価しなおしてみる。つまり、調査データを使った分析で、どの要因による進学格差が大きいのか、そしてどのような媒介メカニズムが介在しているのか、そしてそれらは各有力説が提示する説明のいずれと適合するかについて検討する。なお、以下の分析はすべて「二〇〇五年社会階層と社会移動全国調査（SSM調査）」を使っておこなう。[2)] この調査は二〇〇五年に実施され、標本抽出時点で全国の二〇～六九歳の男女を対象とするもので、出身家庭のさまざまな特徴にかんする設問を含んでいる。

註

1　相対的貧困率は（世帯所得を世帯人数で調整した）等価所得の中央値の半分以下に該当する率で、子どもの貧困はこの相対的貧困に該当する子どもの率である。

2　SSM調査データの使用は二〇〇五年SSM調査研究委員会の許可をえたものである。

Ⅰ——進学移行と機会格差

1. 進学・学歴の機会格差

多くの先進国と同様に日本でも高学歴化が進んできた。高校（通信課程をのぞく）への進学率は一九五〇年に四二・五％だったが、一九七四年に九〇％をこえ、二〇一二年には九六・五％に達している。大学と短期大学をあわせた高等教育への（過年度高卒者を含む）進学率は、一九六五年に約一〇％だったが、一九九三年に四〇％そして二〇〇五年に五〇％をこえ、二〇一二年には五六・二％に達している（平成二五年版文部科学統計要覧、平成二四年度文部科学白書）。このように高学歴化が進み、ほとんどの人が高校に進学して、高等教育まで進学する人が約半数になった。

高等教育と高校までの学歴がそれぞれほぼ半分の状態が持続するようになり、その境界がさまざまな格差をもたらす学歴分断社会が形成されたとも指摘されている（吉川 2006, 2009）。こうした学歴分断が現れる中で、親子二世代間での学歴再生産も進ん

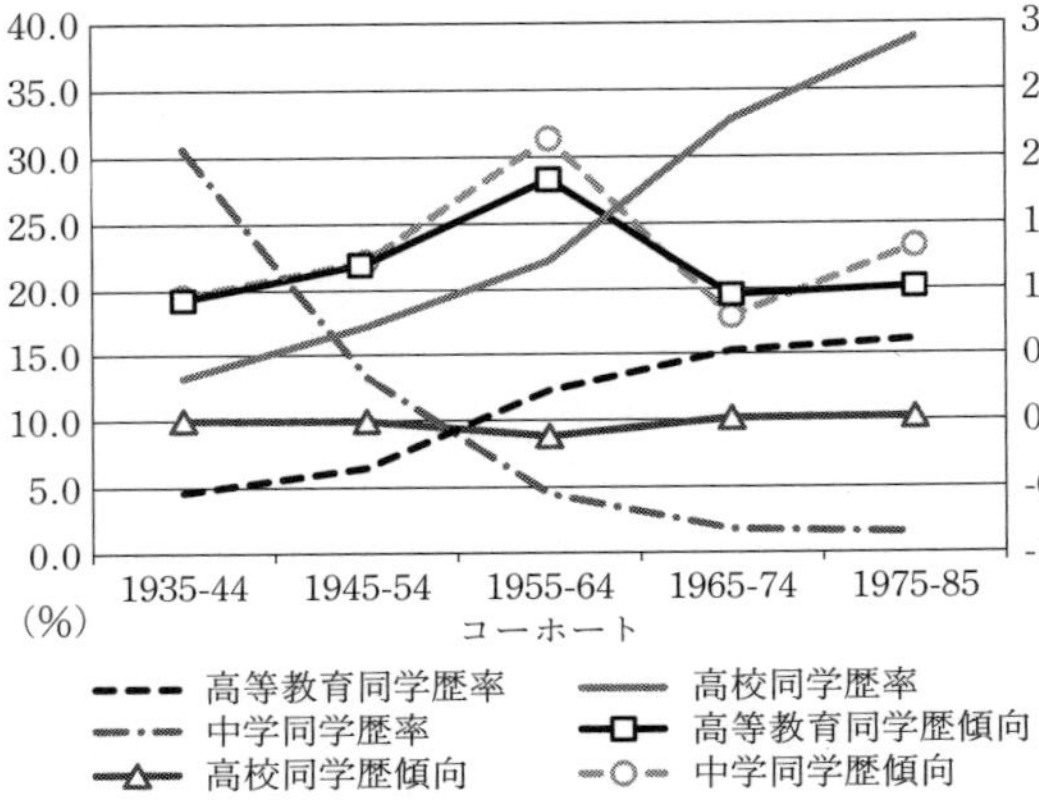

図１－１　親子同学歴の比率と機会格差（対数オッズ比）

できたのかもしれない。学歴の世代間再生産を量としてみると、たしかに高等教育卒と高校卒の再生産が増加してこれらに集中し、中学卒の再生産は激減してきた。図１－１で高等教育・高校・中学の「同学歴率」としめした３つの線は、出生コーホート（同じ出生年の集団）別に親子とも同じ学歴だった率（各コーホートの対象者にしめる％で左軸目盛）である。この同学歴率は高等教育卒で緩やかに増加し、高校卒で増加が顕著で、中学卒では急激に減少した。

しかし、同学歴率は量として測ったものので、そこには日本社会全体の高学歴化の影響、つまり高校、大学・学部の新設や定員数増加などによって進学者が増加する影響が含まれている。これにたいして社会階層研究では、社会全体での高学歴化の影響を取りのぞいて、親が○○だと、家庭が○○だと進学する確率的な傾向が高い（低い）という影響、つまり機会格差からみた機会の不平等を重視してきた。

図1-1の他の3本の線は、出生コーホート別に推定した対数オッズ比という統計量（右軸目盛）で、高学歴化の進み方に影響されない機会格差としての「同学歴傾向」（親子が同じ学歴になる傾向）をしめしている（対数オッズ比は対数乗型モデルの一種のRow and Column IIモデルで推定した）。対数オッズ比については後で説明するが、ここでは正規化という変換をしたものなので、正の大きな値は親子の学歴が同じになることが確率的に高く、負の小さな値は逆に低いことをしめす（数値は確率の値そのものではなく、確率的傾向の相対的な高低関係をあらわす）。一九五五～六四年に生まれたコーホートの同学歴傾向は高等教育と中学で高いという特徴があるが、これらの機会格差としてみた同学歴傾向は、量としてみた同学歴率とはまったく違う推移をみせている。つまり学歴再生産は、社会全体で高学歴化が進んだ影響を含む量でみた場合と、機会

の不平等としてみた場合では異なる様相をしめす。これから扱うのは、後者の機会の不平等という観点からみた進学の機会格差である。それは、高学歴化の進展は誰しもその恩恵に浴する可能性がある一方で、それぞれの人が生育した家庭の条件によって進学が左右されることは、教育の機会均等という理念に反する現実だからである。

図で同学歴傾向（対数オッズ比）が高いのは高等教育だけでなく、それと同じくらい中学も高い。中学の学歴再生産傾向が高いことは、高校までと高等教育との学歴分断によってさまざまな格差が顕著に現れるだけでなく、低い階層が再生産されて不利な境遇が持続することも暗示している。また、親の学歴は父親と母親のいずれか高いほうを採用したものだが、進学格差はこの親の学歴だけが作りだすものではない。教育達成の研究では、出身家庭のさまざまな特徴による進学格差が報告されてきた。出身階級としての親の職業はもちろんとして、家庭の経済的条件、キョウダイの数、キョウダイの中の出生順位、ふたり親かひとり親か（生育期に両親がいたか母親か父親だけだったか）なども取りあげられ、それぞれについて進学格差が確認されてきた。

2. 移行モデル

教育格差や進学と学歴の格差という表現を使ってきたが、これからは進学の格差に焦点をあてる。それは、出身背景による教育格差を扱う研究において、一九九〇年代以降に国際的に広く使われるようになった移行モデル（transition model）にしたがって検討を進めるからである。

移行モデルは、Mare（1980, 1981）が概念モデルと統計モデルをセットとして提案したものである。その概念モデルでは、複数段階での進学・非進学や学年ごとの学業継続・非継続という複数の移行が繰り返され、その結果が最終的な学歴になると考える。このとらえかたは、それまで主流だった教育年数をもちいた教育達成分析とは違っていた。教育達成分析は、最終学歴までの教育年数（学校教育をうけた年数）にたいする各要因の影響力を重回帰分析などで比較する。この方法では、各要因が教育年数をどれだけ増減させるかに焦点があてられる。他に分類としての最終学歴を扱う研究もあるが、そこでは最終学歴でみた格差が扱われる。これらにたいして移行モデルでは、それぞれの移行における進学格差に焦点をあて、それぞれの移行における進学格差の積み重ねが最終学歴になると考える。

また移行モデルは、教育年数をもちいた重回帰分析つまり教育達成分析の問題点を克服する代替的な分析方法を提案するものでもあった。教育達成分析でえられる要因効果には、社会全体での教育拡大つまり高学歴化の影響が混入すると考えられる。たとえば、高学歴化が進むと高校卒や大学卒の人が多くなって教育年数の分散が小さくなり、各要因の影響力が小さく推定されてしまう。移行モデルでは、この問題を回避するためにロジット分析が提案された。このロジット分析で推定されるのが、進学・非進学の確率的な傾向の格差つまり進学格差をあらわすオッズ比または対数オッズ比だった。

3．進学移行と進学格差

日本での中学から高校への進学、高校から高等教育への進学をそれぞれ進学移行と扱って、ロジット分析でえられるオッズ比・対数オッズ比から進学格差を概観してみよう。図1-2は男女の進学格差を出生コーホート別にロジット分析の一種であるロ

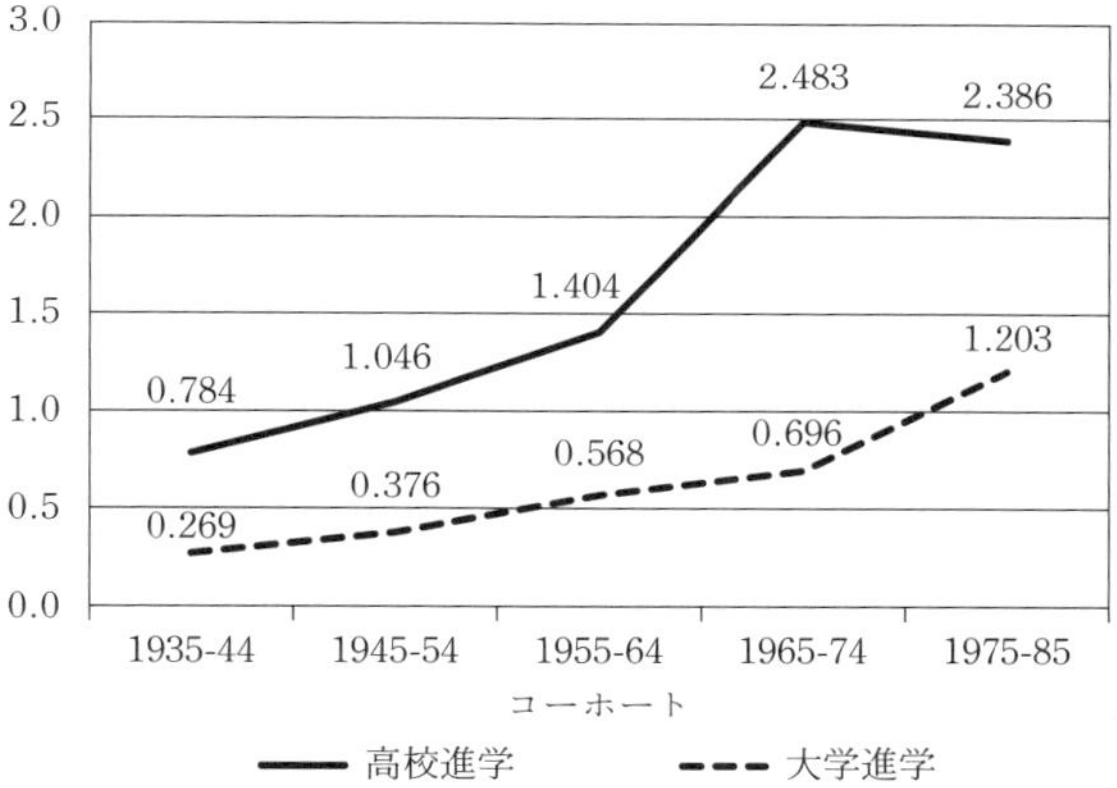

図1-2　男女の進学格差（男性を基準とする女性のオッズ比）

ジスティック回帰によって推定したものである。

図にしめされた数値は、高校そして大学（短期大学を含む）への進学・非進学を従属変数（被説明変数）、男性を基準カテゴリーそして女性を1とするダミー変数を独立変数（説明変数）として投入し、その結果えられた係数をオッズ比としてあらわしたものである。このオッズ比は男性の進学傾向にくらべて女性の進学傾向が何倍かをあらわしている。1未満で男性にくらべて女性の進学傾向が低いこと、1をこえる値で男性にくらべて女性の進学傾向が高いことをしめす。高校進学でも高等教育進学でも、一九三五〜四四年に出生した古いコーホートでは男性よりも女性の進学傾向は低かったが、若いコーホートほど女性の進学傾向が高くなってきた。

一九三五〜四四年の出生で女性の高校進学傾向が男性にくらべて〇・七八四になっている。表1-1の(a)は一九三五〜四四年出生の高校進学・非進学の人数を男女別にしめし、(b)はそれを進学率・非進学率としたものである。非進学率にくらべて進学率は女性で約〇・四六三倍(= 0.316/0.684)、男性で約〇・五九〇倍(= 0.371/0.629)だが、この比はオッズ(確率の比)といわれる。この場合のオッズは、「進学する確率」が「進学しない確率」の何倍か(進学率÷非進学率)をあらわし、「進学傾向」と表現してきたものである。女性より男性の進学率そして進学傾向(オッズ)が高い。このオッズの比つまり「オッズ比」は、進学傾向の男女間格差をあらわしており〇・七八四(= 0.463/0.590)になっている。

表の(c)は、ロジット分析の考え方をしめすため、ここでの例を確率 p による一般的な表記としたものである。進学傾向であるオッズは女性で［$p_f/(1-p_f)$］、男性で［p_*

表1-1　オッズ比の計算例

(a) 1935~44年コーホートの男女別高校進学（人数）

	進学	非進学	計
女 性	149	322	471
男 性	186	315	501

(b) 1935~44 年コーホートの男女別高校進学率

	進学率	非進学率	計
女 性	0.316	0.684	1
男 性	0.371	0.629	1

(c) ロジット分析の考えかた（男女の進学格差の例）

	従属変数		
独立変数	進学	非進学	計
女 性	p_f	$1-p_f$	1
男性（基準カテゴリー）	p_*	$1-p_*$	1

$/(1-p_*)]$で、オッズ比は$[p_f/(1-p_f)]/[(p_*/1-p_*)]$である。上で例にしたオッズ比の自然対数つまり対数オッズ比はマイナス〇・二四三（= ln 0.784）だが、図1-2のもとになったロジット分析の女性ダミー変数の係数である。一九六五年以降の出生で高校進学のオッズ比が2以上で、女性の進学傾向が男性の2倍以上になっていることに違和感があるかもしれないが、これは進学格差をオッズ比として推定しているからである（オッズの分母とした非進学率がとても小さくなっているために極端な数値となっている）。

ロジット分析で独立変数が3カテゴリ

ー以上の場合の係数は、各カテゴリーと基準カテゴリーの対数オッズ比になる。ただし、独立変数を1つだけでなく複数にふやすと、(a)〜(c)と係数にみられた単純な対応関係はなくなって、もっと複雑に係数を推定することになる。また、独立変数が量的変数の場合の係数は、独立変数の1単位あたりの対数オッズ比の推定値である。

係数の大きさ(格差の大きさ)を比較する場合にはオッズ比よりも対数オッズ比としてみるほうが望ましい。図1-2では、男性より女性の進学傾向が低いときには0と1の間にあるが、女性のほうが高いときには1から正の無限大までありうる。つまり、オッズ比のとりうる値の範囲が1以下と1以上で同じではない。直感的には何倍というオッズ比のほうが理解しやすい。しかし、独立変数による減少効果と増加効果を比較する場合、対数オッズ比なら減少効果を負の無限大から0まで、そして増加効果を0から正の無限大までと対称的な範囲で同等に扱える。

4. 経済状態による進学格差

出身家庭のさまざまな特徴によって進学格差がみられることが、さまざまな研究で指摘されてきた。まず、その経済状態による進学格差を確認してみよう。図1-3では、本人（調査の回答者）が十五歳のときに家庭で所有されていた財の状況（多くの耐久消費財などの項目で所有していた数）による進学格差を対数オッズ比としてしめした。出身家庭の経済状況を正確に把握するのは難しい。回答者が中学生・高校生だったときに親の収入、家庭全体での収入を知っていたか、そして調査時に中高年になっている回答者が正確に記憶しているかという問題があるからである。そこで、十五歳時の経済的資源のストックつまり財の所有状況から経済状況を測定して、それによる進学格差をみたのである。耐久消費財はどの時代かによって普及率が違っていて、より若いコーホートで所有数が多い。そのため、コーホート別に所有数を標準化した得点をもちいた。

高校進学でも大学進学でも、財を多く所有して経済的により裕福であることが進学傾向を高める正の効果をもっている。図にしめしたのは標準化した1得点が増加する分の効果（対数オッズ比）で、高校進学について一九五五～六四年出生まで増大し、その後は低下している。このコーホートが十五歳になったのは一九七〇年代で高校へ

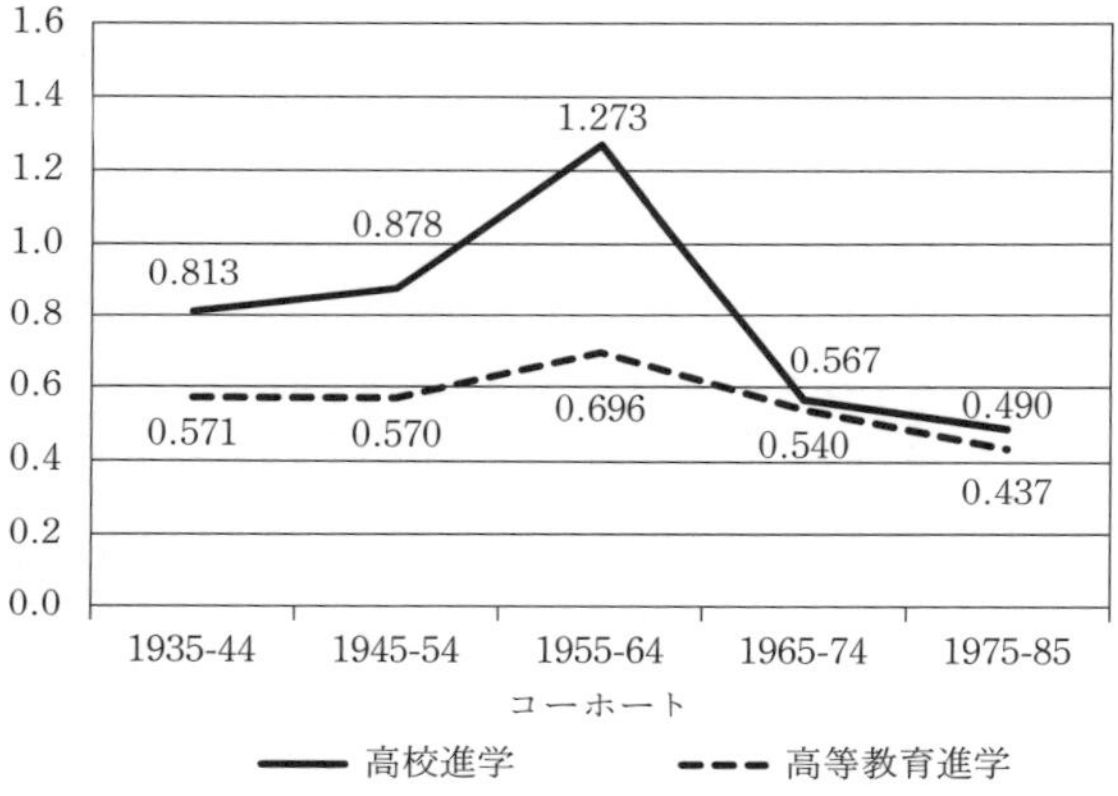

図1－3　コーホート別に標準化した財所有（出身家庭）の進学への効果（1単位増加の対数オッズ比）

の進学率が九〇%をこえた時期である。こうした時期に経済的に豊かな家庭の子どもから先に高校全入という飽和状態に近づいたことをしめしている。他方の大学進学にも似た傾向があるが、それほど大きな変化ではない。

高校全入という飽和状態がほぼ達成された後の一九八〇年代以降に高校進学した一九六五年以降出生の人たちは、それ以前に出生した人ほど経済状態に高校進学が影響されなくなっている。一九六五年以降出生の人たちは、高校への進学格差が減少して、もともと進学格差が小さい大学進学に近づき、高校進学でも大学進学でも出身家庭の経済状況による進学格差が以前よりも縮小したようにみえる。[1)]

図でしめしたのは標準化した1得点増加分の係数だが、これにマイナスをつけると1得点減少の効果をあらわす。もっとも若い一九七五〜八五年出生では、高校進学についてマイナス〇・四九〇、大学進学についてマイナス〇・四三七で、オッズ比に直すと前者は〇・六一倍、後者は〇・六五倍である。1単位の減少によって進学傾向が高校進学でも大学進学でも6割程度に低くなる格差は大きなものである。2得点の減少分で計算すると進学傾向は4割程度に、3得点減少で進学傾向は2割強程度に低くなる。進学傾向の格差が縮まっても格差がなくなったわけではない。経済状態が悪い家庭に育つ子どもが増加すると、縮小したとはいえ残存する格差をとおして進学できない子どもは増加する。

5. 家族的特徴による進学格差

出身家庭の家族構造的な特徴による進学格差についても数多くの研究がなされてき

た。家族的特徴としては、親の状態やキョウダイ構造にとくに焦点があてられてきた。一方の親の状態については、すでに一九六〇年代にアメリカでは、両親がそろっていない家庭に育った子どもが不利だと指摘されていた。地位達成の研究で著名なBlau and Duncan（1967）は、父親または母親だけの家庭や父母以外が世帯主の家庭で育った子どもが、ふたり親の家庭にくらべて教育年数が少ないことを報告していた。こうした親の状態について、日本ではほとんど取りあげられてこなかった。しかし最近では日本でも、父親不在の母子家庭出身者の高校修了率や高等教育進学率が父親のいる家庭出身者にくらべて低いこと、ひとり親世帯出身者がふたり親世帯出身者よりも高校進学と高等教育進学で一貫して不利であることなどが報告されている（稲葉 2011; 余田 2012）。

他方でキョウダイ構造は、おもにキョウダイ数と出生順位が取りあげられてきた。日本でも外国でも、キョウダイ数の多いことが高い学歴の獲得に不利に作用するとほとんど例外なく報告されてきた（Blau and Duncan 1967; Blake 1985, 1989; Featherman and Hauser 1978; Kuo and Hauser 1997; Steelman *et al.* 2002; Jæger 2009; 近藤 1996; 尾嶋・近藤 2000; 平沢 2004;

平尾 2006; 平沢・片瀬 2008; 藤原 2012）。また男キョウダイのいることが進学にたいして負の効果（教育年数を減らす効果）をもつという報告もある（Powell and Steelman 1989, 1990; 平沢 2004; 平沢・片瀬 2008）。

出生順位については、長子、上の子ども、あるいは下の子どものほうが高学歴の獲得に有利だという報告（Powell and Steelman 1990, 1993, 1995; 尾嶋・近藤 2000）、高校進学では出生順位が遅いほうが有利だったのが早いほうが有利になったという報告（平沢 2004; 保田 2008）、出生順位に有意な効果がないとする報告（Blake 1989; Retherford and Sewell 1991）などがある。いまだに、これらの中のどれかがとくに支持されるようにはなっていない。

図1-4は、兄弟数、姉妹数、出生順、ひとり親の4変数を同時に投入して、家族構造による進学格差（対数オッズ比）を男女別に推定したものである。キョウダイ数は兄弟数と姉妹数にわけたが、若いコーホートほど兄弟数と姉妹数が減少する傾向があったので、それぞれ4人以上を4とする人数として、コーホートによる趨勢を緩和させた。姉妹数による進学格差が小さいのに兄弟数による格差が大きい場合には、他

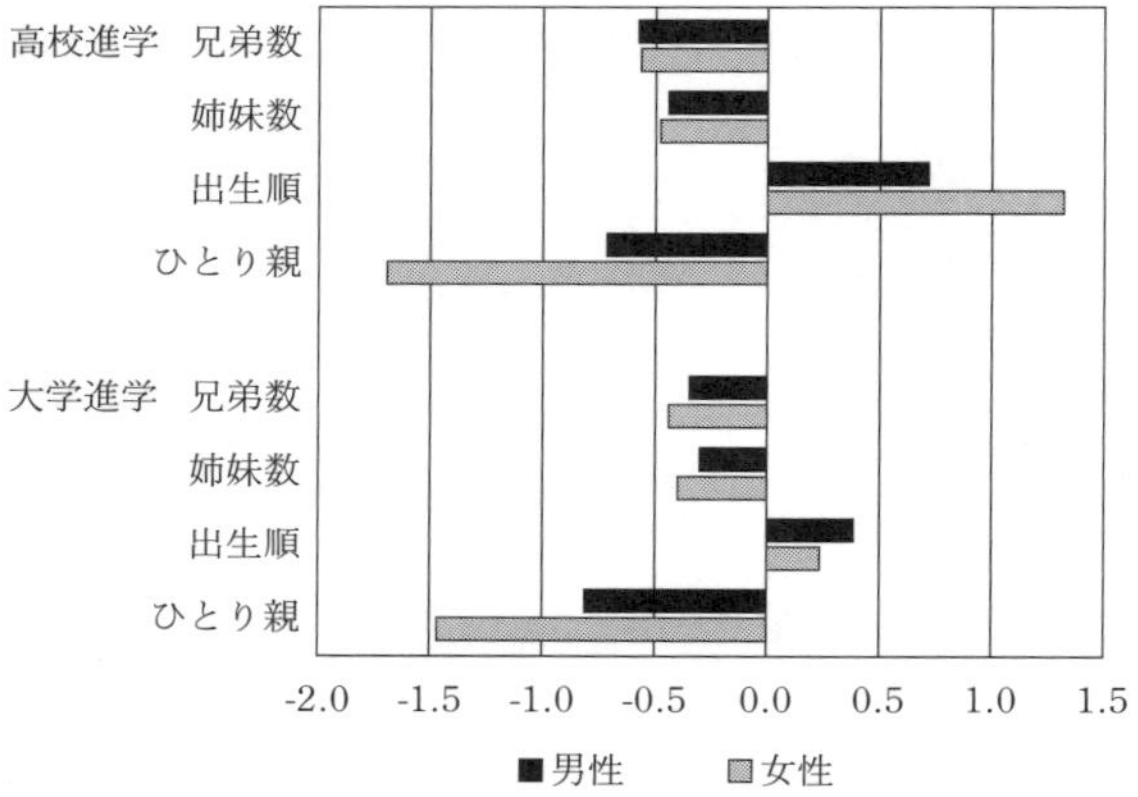

図1－4　家族構造による進学格差
（対数オッズ比，ひとり親はふたり親が基準カテゴリー）

の兄弟（男子）の進学が家庭の全体的な負担を増加させて進学を制約することを示唆する。また出生順については、キョウダイがいる場合に「上からの順位」を「本人を含むキョウダイ数」で除した相対的な順序とした。ひとりっ子の場合は0で、キョウダイがいて末子の場合に最大値の1になる。ひとり親は該当する場合に1とするダミー変数である。

高校進学でも大学進学でも、兄弟数と姉妹数はそれらが多くなると進学傾向を低下させ、出生順は下のキョウダイであるほど進学傾向を高め、ひとり親の家庭はふたり親よりも進学傾向を低下させる効果がみられる。とくにひとり親家庭に育った女性では、高校進学でも大学進学でも進学傾向がおおきく低下する。

6. 親の職業による進学格差

図1-5には、親の職業による進学傾向の格差（対数オッズ比）をしめした。親の職業は本人が十五歳時の父親の職業で、父はいなかったと回答した場合に母親の職業を採用した。ここでの進学格差は、親が農業である場合を基準カテゴリーとして推定したものである。男女ともに、高校進学でも大学進学でも、農業にくらべた進学傾向は親の職業が専門職と管理職でもっとも高く、ついでホワイトカラー、自営、ブルーカラーの順で高い。同じホワイトカラー、ブルーカラーでも大企業（従業員三百人以上）のほうが小企業（三百人未満）より有利である。この親の職業による進学格差は、高校進学よりも大学進学で小さい。最大の進学格差をみると、高校進学についての進学傾向は、親が農業である場合にくらべて親が管理職の場合に男性で三・七二（オッズ比で四一・一倍）、女性で三・九〇（四九・三倍）である。同様に大学進学についての

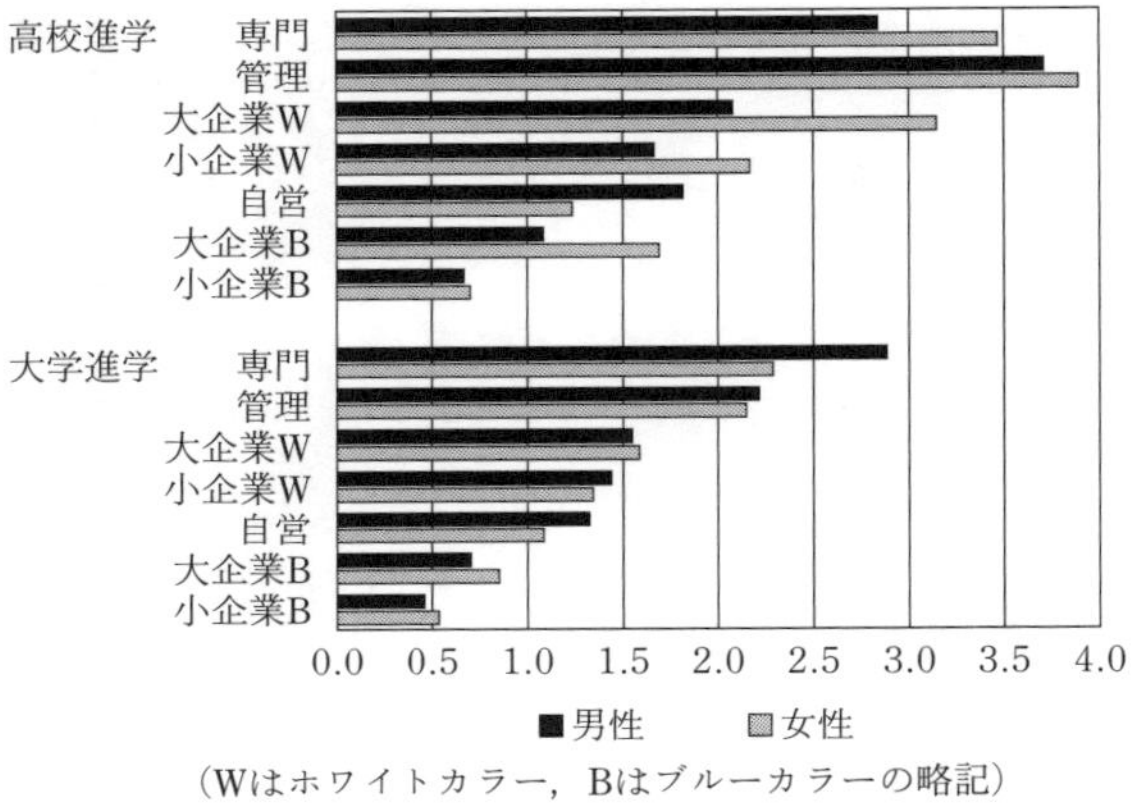

（Wはホワイトカラー，Bはブルーカラーの略記）

図1－5　親の職業による進学格差
（農業を基準とする各職業の対数オッズ比）

進学傾向は、親が専門職の場合に男性で二・八九（十八倍）、女性で二・二九（九・九倍）である。

こうした親の職業による進学格差を社会階層の研究者たちは重要視してきた。親の職業は、その所得をとおして家庭の経済的条件を左右するだけではなく、家庭がもつさまざまな資源（権力・情報・人的関係ネットワークなど）にも格差を作りだす。また階層的な文化の相違によって、親子とも教育・進学への熱意も違うだろう。こうしたことから、社会階層研究とくに階級論の立場からの研究は、親の職業つまり階級がさまざまな家庭環境の違いを作りだして、子どもの進学に有利・不利をもたらすもっとも重要な要因だと考えてきた。そして、詳しくは次章で述べるが、なぜ出身階層・階級による進学と学歴の格差がみられるかについて理論的な説明を試みてきた。

これまで、学歴再生産の傾向、そして性別、家庭の経済状況、家族構造、親の職業がもたらす進学格差をみてきたが、それぞれを個別にみてきたにすぎない。いいかえると、これらを同時に考慮したときに、そして出生時期（コーホート）の違いにともなう変化を考慮したときに、それぞれの要因による進学格差のどれが大きくて強い影響関係をもっていて重要だといえるのだろうか。また、要因間のどのような影響関係（媒介メカニズム）をとおして進学格差が作られているのだろうか。これらを社会階層研究が提示する説明と対照して検討するのが、次章以降の課題である。

註

1　ただし、耐久消費財などの普及が進んで、財の所有状況が実際の家庭の経済状況を反映しなくなったために、進学格差の低水準への収斂という統計的な結果が現れたと考えることもできる。

II——出身家庭背景から進学格差までのメカニズム

この章では、社会階層研究において、出身家庭背景からどのような媒介メカニズムをとおして進学と学歴の格差が作りだされるかを説明する有力説をとりあげる。それぞれの説明を整理するとともに、研究動向や批判についても紹介する。

1. ウィスコンシン・モデル

W. H. Sewell や R. Hauser などウィスコンシン大学の研究者が中心になって、社会心理的側面を強調するウィスコンシン・モデル（地位達成モデル）にもとづく研究が一九七〇年代以降に活発におこなわれた（Sewell *et al.* 1970; Sewell and Hauser. 1975. などが代表的だが、Sewell *et al.* 2004. に諸研究の成果が整理されている）。そうした研究では、「学業成績」と（進学意欲に相当する）「教育アスピレーション」が学歴（教育達成）にたいして直接的に強く影響する要因として位置づけられていた。なお以下では教育アスピレーションをアスピレーションと略記する。

ウィスコンシン・モデルでは、出身家庭の階層を親の職業に限定せず、親の教育年数や家庭の経済状況も含めた社会経済的地位として扱う。教育年数で測定した学歴に帰結するまでの媒介的影響関係では、親の社会経済的地位、十代半ばでの本人の成績とアスピレーションとともに「認知的能力（ＩＱ）」そして「重要な他者」も重要な要因として位置づけられた。アスピレーションはどの教育段階まで進む希望・計画をもっていたか、重要な他者は、親・先生・身近な人から進学への助言・はげましを受けた経験から測定された。各要因の影響関係は図２-１のように整理される。

本人の学歴にとくに強い直接的影響力をもつとされたのは、成績、重要な他者そしてアスピレーションである。⑴成績は認知的能力の影響を媒介する。つまり、高い認知的能力は良い成績をもたらし、良い成績は高学歴を獲得させる（教育年数を増加させる）。しかし、認知的能力は親の社会経済的地位も含めた他要因から影響をほとんど受けず、他要因からの影響を媒介しない。⑵重要な他者（からの助言・はげまし）は、親の社会経済的地位と成績の影響を受け（そして認知的能力から弱い影響を受け）、本

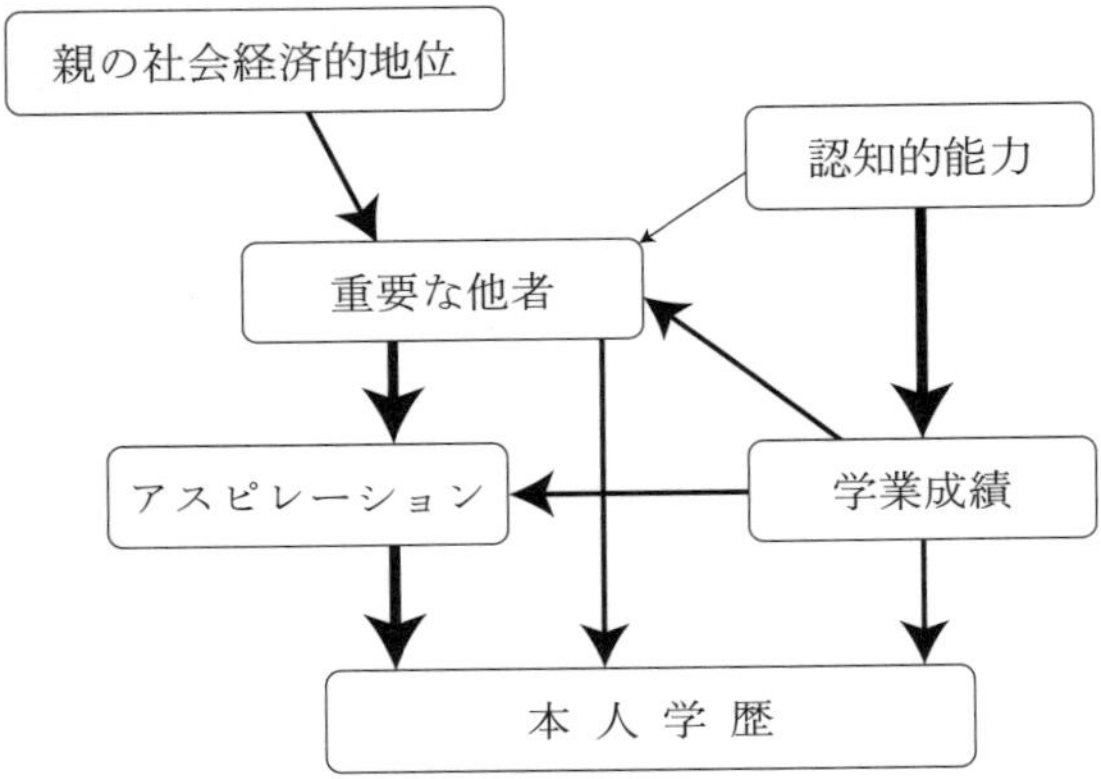

図2－1　ウィスコンシン・モデル

人の学歴にたいして直接的に影響する。ただし、重要な他者から本人学歴への直接的影響は、成績とアスピレーションほど強くない。また、重要な他者はアスピレーションに影響する媒介関係によって本人学歴に間接的に影響する。つまり、重要な他者は《親の社会経済的地位と成績→重要な他者→アスピレーション→本人学歴》という影響の連鎖をつなぐ役割をはたす。この媒介メカニズムは、親の社会経済的地位が高い場合や成績が良い場合に、親や身近な人が進学を助言することにつながり、その助言がアスピレーションを高めて高学歴を獲得させるという社会心理的プロセスを想定している。(3)アスピレーションは、重要な他者と成績からの影響を受け、これらから学歴への影響を媒介する。

ウィスコンシン・モデルにたいして、変数の測定法や因果的順序関係などについての方法論的批判、そして性差、人種格差、地域差、学校格差などマクロ構造を考慮していないことへの批判がなされた(Sewell *et al.* 2004)。そして一九八〇年代以降には文化資本論、一九九〇年代以降には相対的リスク回避説の立場にたった実証研究が増加した。こうした研究では、社会経済的地位という多元的な階層的地位ではなく階級による進学格差を重要視しており、階級論的な立場からの批判が意図されていたといえるだろう。つまり、ウィスコンシン・モデルが進学格差をミクロの個人レベルにおける社会心理的な影響関係に還元して説明することへの批判である。

日本では、直井・藤田(1978)がいち早くウィスコンシン・モデルを導入して、教育達成にたいしてアスピレーションと(小学六年生時の)成績がもっとも強い影響力をもつという結果をしめした。しかし、成績や重要な他者にかんする設問を含む調査が実施されなかったことから、このモデルに言及する研究は少ない。

2. 文化資本論

文化資本論は階級間で不平等に保有される文化的資源つまり文化資本（cultural capital）を重視する。文化資本は他の資本と同様に世代間で伝達（相続）され、この世代間の文化的再生産が学歴と階級の再生産をもたらすと主張する。高学歴の獲得とそれがもたらす職業的成功は、文化資本の収益とみなされる。文化的再生産が作りだす学歴と階級の再生産は、学業成績による選抜競争の結果として社会内で正当化される。つまり、出身階級による学歴格差そして階級の世代間固定が、メリットクラシーにもとづく選抜（知的能力と努力の結果としての能力を重視する選抜）の結果として正当なものと擬装されるというのである（Bourdieu et Passeron 1970; Bourdieu 1977）。

上流階級の文化は、社会内で高尚で正統とされる文化的・芸術的な素養や高等な知識から構成され、社会内で望ましいとみなされる優越的で支配的な文化である。支配的な文化を理解し享受（消費）するには、その特有のコードを理解し、言語能力を身につける必要がある。上流階級家庭の子どもは、その文化的コードや言語能力を家庭内で自然に身につけ、上流階級にふさわしいとされる話しかたや振る舞いかた（マナー）、文化や芸術の楽しみかた（美的嗜好）まで身につける。つまり、家庭内で文化資本を伝達されて保有するので、支配的文化に慣れ親しむ。他方で、学校教育の内容には支配的文化が反映されるので（たとえば古典文学やクラシック音楽）、文化資本を伝達された上流階級家庭の子どもは良い学業成績をえることができ、良い成績が進学を容易にして高学歴を獲得させる。このように、文化資本論の説明では、階級によって格差的に保有されている文化資本が根本的な原因であり、文化資本が成績に媒介されて進学格差そして学歴格差に帰結するメカニズムを強調する。

文化資本論では、図2-2にしめしたように、文化資本の影響を成績が媒介する関係から学歴格差を説明しようとする。第一に、進学と学歴の格差にたいして他の要因より強い直接的影響をもつのは学業成績である。第二に、その成績にたいして他の要因より強い直接的影響をもつのは出身家庭の文化資本である。文化資本は制度化された文化資本・客体化された文化資本・身体化された文化資本（ハビトゥス）にわけられるが、学歴は制度化された文化資本とされるので、親の学歴は親の職業よりも成績と学歴にたいして強い直接的影響をおよぼすといえる。

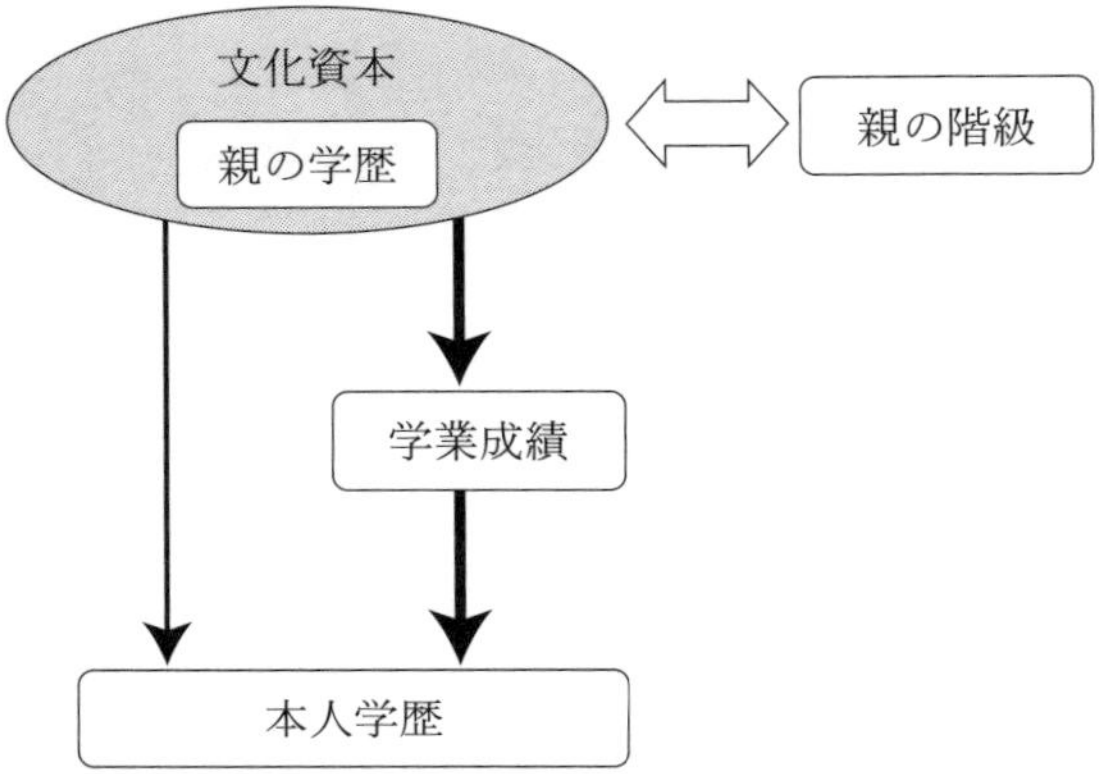

図２－２　文化資本論による説明

文化資本論にもとづく実証研究には、出身階級と文化資本の関連や、文化資本から成績と学歴への影響を確認するものが多い（DiMaggio 1982; DiMaggio and Mohr 1985; Lareau 1987, 2002; Kalmijn and Kaaykamp 1996; Aschaffenburg and Maas 1997; Lareau and Horvat 1999; Roscigno and Ainsworth-Darnell 1999; Dumais 2002; Georg 2004; Jæger 2009a; 片岡 1997, 2001; Yamamoto and Brinton 2010）。しかし、研究全般にわたって、子ども（本人）の学歴にたいする出身家庭の文化資本の説明力は、他の要因のそれにくらべてそれほど大きくない。また、文化資本の影響を統制しても、子どもの学歴にたいする出身階級（親の職業）の直接的影響が残るため、文化資本は学歴獲得にたいする出身階級の影響を部分的にしか媒介していないという指摘もある（Katsillis and Rubinson 1990; Sullivan 2001; Barone 2006）。さらに文化資本を読書文化資本と芸術文化資本にわけて検討した研究では、読書は成績に結びついていたが、芸術活動は結びついていなかった。そのため、文化資本が学歴獲得におよぼす影響は、読書によって高められた分析的および認知的な技能によるもので、これらが学校教育に役立つ資源になっているからだとも指摘されている（De Graaf 1986; Crook 1997; De Graaf *et al.* 2000）。

3. 相対的リスク回避（Relative Risk Aversion）説

相対的リスク回避説は、Boudon（1973）が指摘した第2次的効果として、とくに進学にたいする選好（選択）と意欲の影響に注目するものである。学力（成績）に影響して、この学力を媒介して進学に影響するのが第1次的効果とされ、第2次的効果とはそれ以外の影響をさす。

この説では、世代間の下降移動を避けるための進学のコストと利益を考慮する合理的選択（合理的行為）を前提としている。どの職業階級に属する家族でも、子世代が親世代よりも低い位置に下降移動してしまうことを避けようとする。上層階級家庭の子どもは、親の階級を維持するという最低限の目標実現を確かにするために、高学歴を獲得（または教育を継続）しようとする。他方で下層階級家庭の子どもは、もともと下降移動することがないので、階級維持のために高学歴をもとめる必要がない。この教育にたいする異なる選好のため、上層階級の子どもは高い進学意欲と進学目標をもつが、下層階級の子どもは低い意欲と目標しかもたない。このように、高い学歴を獲得しようとする意欲が親の職業階級によって異なり、この意欲差が学歴格差を作りだすメカニズムを重視する（Goldthorpe 1996, 2000; Breen and Goldthorpe 1997; Erikson and Goldthorpe 2002）。

相対的リスク回避説では、図2-3にしめしたように、子ども（本人）の学歴にたいする出身階級の影響を進学意欲が媒介する関係から学歴格差という結果を説明しようとする。この説にしたがえば、第一に、学歴にたいして他の要因より強い直接的影響をもつのは意欲である。第二に、意欲にたいして他の要因より強い直接的影響をお

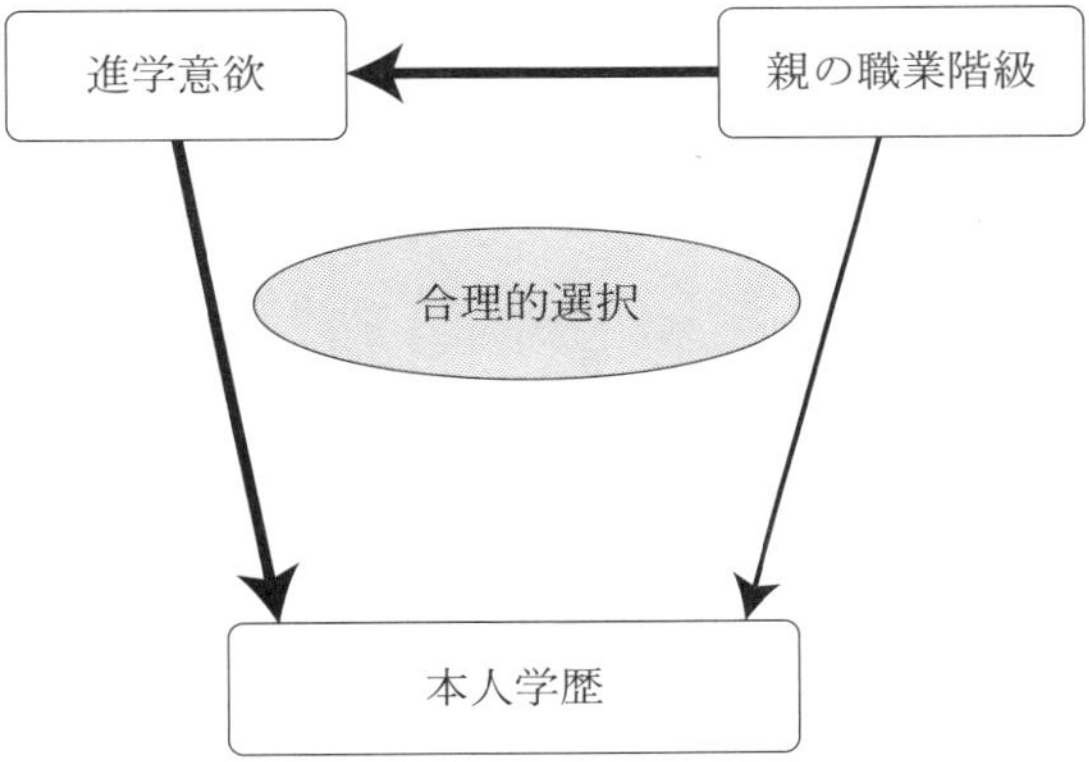

図２−３　相対的リスク回避説による説明

よぼすのは親の職業である。

相対的リスク回避説の根幹にある合理的選択は、構成概念なので直接的な観測が困難である。そのため、荒牧（2010）の詳細な研究レビューによれば、この説にかんする研究は二種類にわけられる。その第一は、進学コストと成功・収益にたいする主観的な期待、そして階級維持（地位維持）や下降回避にかんする意識など、合理的選択そのものを直接的に確かめようとするものである。第二の種類は、調査データの制約からこれらの意識など合理的選択そのものを扱わないが、観察可能な事象がこの説にもとづく予想に適合するかを間接的に検討するものである。

前者の直接的検討では、進学意欲にたいして階級維持や下降移動回避の意識が影響することを確認したり、高学歴化や経済情勢の変化にともなって教育にたいする人びとの主観的な期待効用が変化したと報告する研究がある（Van de Werfhorst and Hofstede 2007; Becker 2003; Stocké 2007; Hansen 2008）。後者の間接的検討では、出身階級から意欲への影響や意欲から学歴への影響が強いと指摘したり、出身階級によって意欲が異なると仮定した場合に予想される出身階級別の進学格差を確認しようとする研究がある（Need and De Jong 2000; Davies *et al.* 2002; Breen and Yaish 2006; 太郎丸 2007; Holm and Jæger 2008; 近藤・古田 2009; 浜田 2009; 藤原 2011）。

相対的リスク回避説にたいする関心は最近になって高まってきたが、直接的検討では媒介過程を構成する複数の影響関係のうち一部についてしか検討していない研究が多い。また間接的検討では、この説で重要な下降維持回避意識や主観的期待効用といった概念について、積極的に支持すべき経験的証拠がそもそも得られない。さらに、出身階級として親の職業ではなく親の学歴を代理変数とする研究も多い。

4. トラッキング説

トラッキングとは、教育におけるトラックが特定の進路・進学先と結びつきやすいことである。トラックは陸上競技場のトラックのように分けられたコースと考えればよい。教育におけるトラックは、ある教育段階において制度的に複数種類にわかれる学校の種類や教育課程（学科・専攻・カリキュラム）の種別、あるいは進路希望や成績・能力にもとづくクラス編成や履修コースなどの分岐をさす。社会階層研究におけるトラッキング説は、出身階層の影響によって早い段階で分岐したトラックの1つに所属すると、そのトラックがその後の進路・進学先に強く影響することを強調する。しかし、各国の教育制度が違うこともあり、何をトラックとみるかは研究によって異なっている。主要な研究では、たとえば（後期）中等教育段階について、卒業後の進学と就職をそれぞれ前提とする学校や課程の種別、あるいは同一学校内で生徒が自発的に選択する科目履修などが取りあげられてきた（Rosenbaum 1980; Shavit 1984; Gamoran and Mare 1989; Hallinan 1996; Breen and Jonsson 2000; Lucas 1999, 2001; Tieben *et al.* 2010）。

日本の高校から高等教育への進学移行にトラッキング説をあてはめれば、高校でのトラック分岐が、その後の高等教育進学の分岐（たとえば4年制大学・短大への進学・非進学）にたいする出身階層の影響を媒介することになる。つまり《出身階層→高校トラック→高等教育トラック》の媒介関係である。こうしたトラッキングがあるならば、第一に、高校進学における分岐にたいして、出身階層の影響が強いはずである。また第二に、高等教育進学における分岐にたいして、高校で所属したトラックが強い影響力をもつはずである。

トラッキングを重視した研究の代表例として、たとえばBreen and Jonsson（2005）はスウェーデンについて後期中等教育への進学とその卒業、高等教育への進学という3つの移行について、移行後の分岐（pathways）にたいする出身階級と移行前に所属したトラックの影響を分析した。前二者の移行では非進学・非卒業、進学トラック、職業トラックの分岐、高等教育への移行では非進学、短期高等教育、大学の分岐を設定した。分析結果は、移行前の所属が進学トラックだと移行後も進学トラックに進む傾向が強いこと、そして出身階級が上位であるほど進学トラックに属する傾向があることをしめしていた。

またLucas（2001）は、アメリカの第一〇学年（日本では高校一年に相当）から学年ごとの進級そして大学進学をそれぞれ移行としてとらえた研究でトラッキングを確認した。第一二学年までの移行では非継続（ドロップアウト）と「進学用の数学」「非進学用の数学」「数学なし」それぞれを履修するコースへの進級という分岐、そして大学への移行では進学・非進学の分岐を設定し、それぞれの分岐にたいする影響を検討した。その結果、移行後の分岐にたいして移行前の成績と履修コースとともに、出身階層の影響を確認した。このため、履修コースのような学校の質的分化が出身階層による進学格差を持続させるようになったと指摘した。つまり、高学歴化の進展によって、ある教育段階での進学率が飽和状態に近づいて出身階層による格差が縮小したようにみえても、その教育段階のトラック分岐が序列化して、その序列と対応する出身階層格差が顕在化するというのである。こうした指摘は、EMI（Effectively Maintained Inequality）仮説と呼ばれ、注目されるようになった[1)]。

日本でも、学校トラックを学校種別、学校ランクそしてカリキュラム・タイプからとらえた諸研究があるが、所属する学校単位での序列化にもとづいて分類した学校ランクを重視したものが多い（中西他 1997; 中西 2000; Ono 2001; 荒牧 2002, 2008; 片瀬 2005; 中澤 2008; 多喜 2011. など）。それは、高校も大学も偏差値、有力大学進学者数、優良企業就職者数などによって、学校単位で評価や受験難易度が序列化される傾向があるためである。こうした研究では、親の階層が高いと進学した高校ランクおよび大学ランクが高いこと、そして高校ランクが高いとランクの高い大学に進学する傾向が報告されている（中西他 1997; 中西 2000; Ono 2001）。しかし、学校ランク、学校やカリキュラムの種別などをトラックとして扱う研究では、その学校トラックと、進学意欲・学習意欲、学力、進学期待・進学希望などとの関係を検討するものが多い。進学移行の前後の学校トラック間の関係つまりトラッキングそのものを扱った研究は少なく、分岐にたいするトラッキングの影響を他の要因による影響と比較することもされていない。

5. 諸説の混在

進学と学歴の格差について数多くの実証研究があるにもかかわらず、進学と学歴の格差がどのように作られているかについて解明しつくされたとはいえない。紹介した説の中でどれがもっとも有力なのかも確認されていない。異なる諸説の優劣がつかず混在したままなっている主な原因は、ほとんどの実証研究が一つの説で主張される媒介関係だけをとりあげて検証する方法をとってきたことである[2)]。こうした方法では、ある媒介関係を支持する結果が得られても、他の説が主張する媒介関係よりも重要だと判断できない。他の説の媒介関係を否定することもできない。

次章以降では、調査データを使って、進学と学歴獲得にたいする出身家庭の諸特徴の影響を比較するとともに、諸説で強調される媒介的な影響関係のどれが経験的に適合しているのかを検討する。各説では、強調する要因と媒介メカニズムに違いがあり、階級・階層のとらえかたも異なっている。文化資本論と相対的リスク回避説は、職業にもとづいた階級（たとえば上流階級や労働者階級など）としてとらえる。これにたいしてウィスコンシン・モデルは、職業だけではなく学歴や経済的状況なども含めた社会経済的地位として幅広くとらえ、多次元から構成される階層というみかたをする。トラッキング説では、階級・階層のとらえかたに特別な主張はないが、ある教育段階での教育課程や履修の分岐がその後の進学・進路を制約する経路づけを強調する。

トラッキング説をのぞく各説では、学業成績と進学意欲のいずれか一方または双方を重要な媒介要因と位置づけている。進学意欲は進路選択の前（とくに後期中等教育への進学前）にどの教育段階（たとえば大学）まで進学する希望・計画があったかを測定しており、ウィスコンシン・モデルでは教育アスピレーション、相対的リスク回避説では意欲 ambition と表現している。相対的リスク回避説では、職業獲得にたいする成功意欲まで含めた意味で使う場合もあるが、意欲の対象を進学・学歴に限定した場合は概念的にも測定上も教育アスピレーションと実質的に同一である。そのため、これらを同じく「進学意欲」として扱う。

各説で重要視される進学格差（学歴格差）にたいする媒介要因の直接的影響について整理すると、ウィスコンシン・モデルは学業成績と進学意欲の双方、文化資本論は学業成績、相対的リスク回避説は進学意欲が強い影響力をもつと説明する。トラッキング説は、進学移行前の教育段階で所属するトラックが、移行後の教育段階で所属するトラックに強く影響すると考える。各説で強調する媒介メカニズムはたがいに異なっているが、それ以外の影響関係を全否定するわけではない。各説で主張される媒介メカニズムを比較検討するために同時に多くの要因（変数）を投入した場合、主張に適合する媒介メカニズムは他にくらべて相対的に強い影響関係をしめすはずである。

註

1　高学歴化進展と出身階層による進学格差にとの関連について、ＥＭＩ仮説が提示されるまでは、ある教育段階での進学率が飽和状態に近づくまで出身階層による格差が持続するという Raftery and Hout（1993）が提示した MMI（Maximally Maintained Inequality）仮説が取りあげられてきた。

2　複数の説を取りあげた数少ない研究例として、Van de Werfhorst and Hofstede（2007）をあげることができる。この研究では、成績と意欲にたいする影響が文化資本論と相対的リスク回避説の説明と適合しているかが比較され、成績は文化資本論、意欲は相対的リスク回避説の説明に整合すると報告された。

III――進学格差の分析

1. 進学移行とトラック

文化資本論と相対的リスク回避説は、出身階級による進学格差が学歴や階級の世代間再生産をうみだすとして、その進学格差が発生するメカニズムを説明しようとする。ウィスコンシン・モデルでは、そうした階級の重視はなく、出身家庭のさまざまな特徴と社会心理的な要因から進学格差の発生メカニズムを説明しようとする。トラッキング説では、早い教育段階でのトラック所属がその後の進路進学に影響するトラッキングから進学格差を説明しようとする。

これらの説明のどれが日本の進学格差について適合するのかについて、この章では、中学から高校への進学、高校から高等教育への進学という二つの移行における進学格差をとりあげる。以下では、これらの進学移行を高校進学と大学進学と表記する。図3－1は、二つの進学移行について、高校と大学のトラックを想定してその進学率を

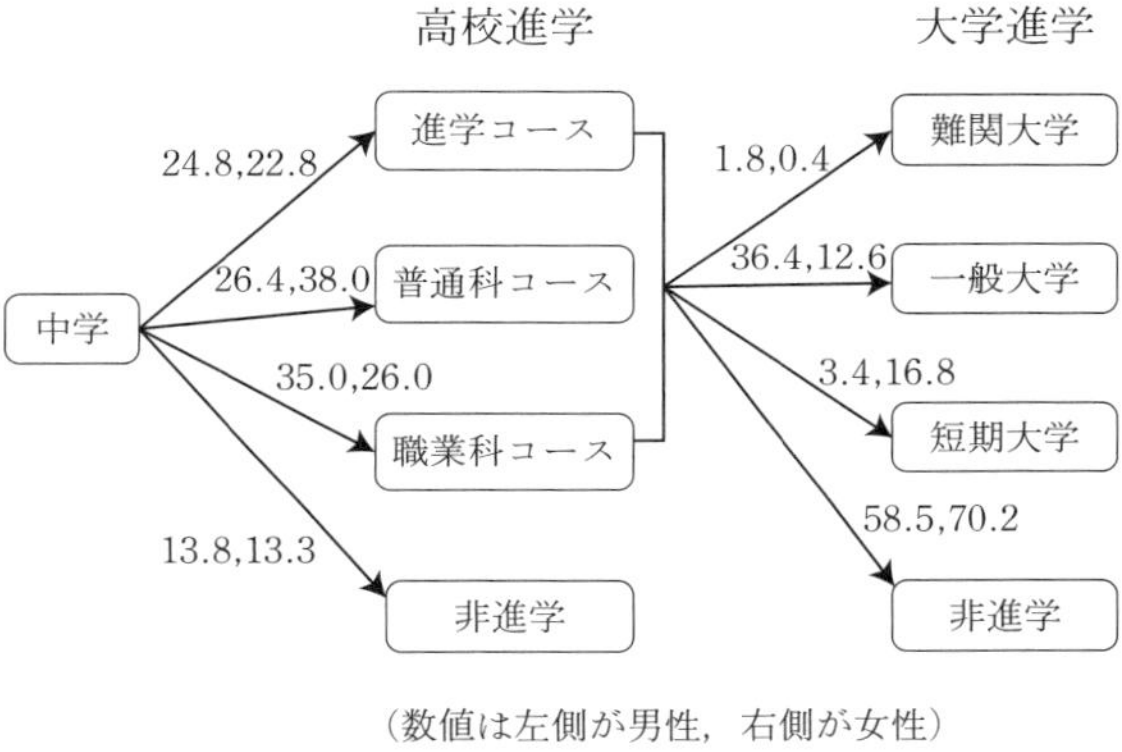

図3－1　高校進学と大学進学の進路比率（%）

男女別にしめしたものである。進学率のもとになったのは各変数に欠損のない男性一六九二人、女性一九四六人で、これが高校進学移行の対象者である。大学進学移行では、高校に進学しなかった者を除外した男性一四五九人、女性一六八八人が対象者である。

高校進学での分岐は、高校の学科と同級生の高等教育進学比率とを組み合わせた「高校コース」（進学コース、普通科コース、職業科コース、非進学の4分類）とした。進学コースは、同級生の7割以上が高等教育に進学する普通科・理数科で、このコースへの進学は進学高校もしくは進学クラスがある高校への進学を意味する。

大学進学での分岐は、男性では難関大学、一般大学、短期大学（高等専門学校も含む）、非進学の「大学種別」とした。女性の大学種別は、難関大学と一般大学を「大学」に合併した3分類とした。これは、女性の難関大学への進学者が〇・四％ときわめて少なく、その進学格差の推定が困難だったからである。男性についての難関大学には国公立大学、有名私立大学[1]、医薬系大学が含まれる。これらの分類では、高校教育と高等教育の内部における序列性を想定している。高校コースは大学受験の準備という点で、そして大学種別は教育年数、学術的専門性、合格難易度という点で序列性をもつ。

高校進学と大学進学の分岐に高校コースと大学種別と名前をつけたのは、これらの間にトラッキングつまり強い結びつきがなければ、高校トラックや大学トラックといえないからである。トラッキングが検出されてはじめて高校と大学の分岐がトラックを構成しているといえる。

2. 有力説のモデル化

各説の経験的適合性を比較するために、投入する独立変数がたがいに違う複数のモデルを設定した。その各モデルに投入する独立変数を表3-1に整理した。「家族構造—経済的制約モデル」では、出身家庭の家族構造および経済状態にかんする変数だけを投入し、これらが進学格差に強く影響することを想定している。「親階層モデル」は親の学歴と職業だけを投入し、これらが強く影響することを想定している。

出身家庭の経済状態は、I章で使った財産項目の所有数ではなく、本人（回答者）が十五歳時の自宅所有（自宅が所有されていた場合を1とするダミー変数）、耐久消費財（12項目の所有数[2]）、教養財（学習、文化、芸術にかかわる4項目の所有数[3]）の3変数から測定した。3つの変数にしたのは、第一に、自宅所有は不動産の資産価値が大きいからである。第二に、教養財は文化資本とみなせるので、これらを他の耐久消費財と分離するためである。耐久消費財と教養財は若いコーホートほど所有数が増加する傾向が顕著だったので、この傾向が変数効果の変化として現れないように、各コーホート別に標準化して使用した。

表3-1　各モデルの投入変数

モデル	投入変数（○投入した変数，■大学進学の分析だけで投入）												
	親学歴	親職業	自宅所有	耐久財	教養財	書籍数	兄弟数	姉妹数	出生順	ひとり親	学業成績	進学意欲	高校コース
1. 家族構造―経済的制約モデル			○	○	○		○	○	○	○			
2. 親階層モデル	○	○											
3. 文化資本モデル	○				○	○					○		
4. 相対的リスク回避モデル		○										○	
5. 成績―アスピレーション・モデル	○	○									○	○	
6. トラッキング・モデル													■
7. 全変数主効果モデル	○	○	○	○	○	○	○	○	○	○	○	○	■

「文化資本モデル」では、文化資本を測定する親の学歴、教養財、書籍数（十五歳時に家庭で所有されていた書籍数で百冊を1とする単位）の3変数が、そして文化資本からの影響を媒介するために強い直接的影響が予想される成績が投入される。成績は、回答者が中学三年生時の成績について同学年内で「上の方」から「下の方」までの五段階を-2から2まで得点化した。

文化資本論の立場にたつ研究では、親の学歴を「制度化された文化資本」と扱うことが多い。教養財は芸術・文化・教養にかかわる財の保有なので、「客体化された文化資本」とみなせる。文化資本には「身体化された文化資本（ハビトゥス）」も含まれるが、使用したデータに関連する設問がないため、これに該当する変数を作成できなかった。また文化資本を芸術文化資本と読書文化資本に区別する立場もあり（De Graaf 1986; Crook 1997; De Graaf *et al.* 2000）、この区別にしたがえば教養財は芸術文化資本、書籍数は読書文化資本の特徴をもつ。

「相対的リスク回避モデル」では、出身階級としての親の職業そして進学意欲を投入する。このモデルでは、親の職業からの影響を媒介する進学意欲が進学に直接的に強く影響すると想定する。進学意欲は、中学三年生時のもので将来の進学希望について「大学まで」「短大まで（高等専門学校を含む）」「高校まで」「その他（「中学まで」「何も考えていなかった」「その他」を含む）」に分類した。

ウィスコンシン・モデルについては、その重要な変数である認知的能力と重要な他者にかんする設問を含む全国調査データが日本にはないので、原型どおりのモデルを設定できない。そのため、社会経済的地位として親の学歴と職業、そしてウィスコンシン・モデルから強い影響関係が予想される成績と意欲を投入する「成績―アスピレーション・モデル」を設定した。認知的能力と重要な他者が欠落しても、これらから進学（学歴）への直接的な影響力は小さいので、成績と意欲が進学にたいして強い直接的影響力をもつことに変わりはないはずである。出身家庭の経済状況（自宅所有・耐久消費財・教養財）を親の社会経済的地位として投入しなかったのは、第一に親階層モデルに成績と意欲を追加した場合を比較するため、第二に文化資本モデルと相対的リスク回避モデルにくらべて極端に有利になること（投入変数が多くなって予測力が向上すること）を避けるためである。

「トラッキング・モデル」は、高校のトラックと大学のトラックが強いつながりをもつことを想定し、大学進学の分析において高校コースを投入するものである。高校進学の分析では高校コースが従属変数なので、トラッキング・モデルは設定しない。「全変数主効果モデル」ではすべての変数の主効果だけを投入する。

3．進学のモデル比較

表3-2は高校進学について、表3-3は大学進学についての各モデルの分析結果を整理したものである。分析にもちいた統計モデルは、多項ロジットとステレオタイプ順序回帰[4)]を混合させたものである。この統計モデルはロジット・モデルの一種で、対数オッズ比としての進学格差を推定することができる。その進学格差は、高校と大学に複数の分岐を設定したので、正確にいうと複数の分岐先それぞれに進む傾向の違い、つまり進路傾向の格差である。

各モデルの比較では、擬似決定係数（McFadden の pseudo R^2）、BIC' および AIC 情報量基準をもちいた。これらは切片だけのモデルと比較した統計量である。擬似決定係数は観測データにたいする予測力をあらわし、大きい値のほうが高い予測力をしめす。BIC'とAICは、予測力と節約性（独立変数が少なくて簡潔であること）を同時に考慮して、より小さい値のほうが望ましいこと（予測力を下げずに節約的であること）をしめす。

表3-2の高校進学では、家族構造—経済的制約モデルと親階層モデルが他と比較すると良い結果ではなく、家族の構造と経済的条件だけ、そして親の階層だけで進学の分岐が左右されているとはいえない。また、文化資本モデルと相対的リスク回避説よりも成績—アスピレーション・モデルが良い結果である。家族構造—経済的制約モデルから全変数主効果モデルまででは、全変数主効果モデルが最大の擬似決定係数、最小のBIC'とAICであり、予測力からみても節約性からみてももっとも良い（望ましい）。このことは、出身家庭の経済状況、家族構造、親の階級・階層、そして本人の成績と意欲などさまざまな要因が高校進学の分岐先に影響することをしめしている。

さらに、変数効果が出生コーホートによって変化しているかを検討した。変数効果変化の追加によって全変数主効果モデルよりも良い結果をしめしたのが、男性のA7、

表3－2　高校進学のモデル比較

性別／モデル	*-2LL*	*df*	R_L^2	BIC'	AIC
男性（*N*＝1692）					
A1. 家族構造—経済的制約モデル	547.2	21	0.121	-391.1	-505.2
A2. 親階層モデル	634.6	24	0.140	-456.2	-586.6
A3. 文化資本モデル	949.0	20	0.210	-800.3	-909.0
A4. 相対的リスク回避モデル	1043.5	24	0.230	-865.1	-995.5
A5. 成績—アスピレーション・モデル	1235.3	28	0.273	-1027.2	-1179.3
A6. 全変数主効果モデル	1303.9	36	0.288	-1036.3	-1231.9
A7. A6＋出生順1次変化＋成績2次変化	1327.4	39	0.293	**-1037.5**	**-1249.4**
女性（*N*＝1946）					
B1. 家族構造—経済的制約モデル	1479.2	21	0.253	-1320.2	-1437.2
B2. 親階層モデル	1525.2	24	0.261	-1343.5	-1477.2
B3. 文化資本モデル	1774.0	20	0.303	-1622.6	-1734.0
B4. 相対的リスク回避モデル	1792.4	24	0.306	-1610.7	-1744.4
B5. 成績—アスピレーション・モデル	1943.6	28	0.332	-1731.5	-1887.6
B6. 全変数主効果モデル	2030.8	36	0.347	-1758.2	-1958.8
B7. B6＋出生順・成績・意欲の各1次変化	2077.2	41	0.355	**-1766.7**	**-1995.2**

-2LL 尤度比統計量　*df* 自由度　R_L^2 擬似決定係数　BIC' ベイズ情報量基準　AIC 赤池情報量基準
（それぞれ切片だけのモデルとの比較統計量で，以下の表も同様.）

表３－３　大学進学のモデル比較

性別／モデル	*-2LL*	*df*	R_L^2	BIC’	AIC
男性（N＝1459）					
C1. 家族構造—経済的制約モデル	232.5	21	0.092	-79.5	-190.5
C2. 親階層モデル	344.6	24	0.136	-169.7	-296.6
C3. 文化資本モデル	521.8	20	0.206	-376.1	-481.8
C4. 相対的リスク回避モデル	615.3	24	0.243	-440.5	-567.3
C5. 成績—アスピレーション・モデル	736.0	28	0.291	-532.1	-680.0
C6. トラッキング・モデル	611.7	16	0.242	-495.1	-579.7
C7. 全変数主効果モデル	905.9	38	0.358	**-629.1**	**-829.9**
女性（N＝1688）					
D1. 家族構造—経済的制約モデル	354.7	16	0.129	-235.8	-322.7
D2. 親階層モデル	421.9	19	0.154	-280.7	-383.9
D3. 文化資本モデル	612.0	15	0.223	-500.6	-582.0
D4. 相対的リスク回避モデル	695.0	19	0.253	-553.8	-657.0
D5. 成績—アスピレーション・モデル	789.9	23	0.288	-619.0	-743.9
D6. トラッキング・モデル	517.4	11	0.188	-435.7	-495.4
D7. 全変数主効果モデル	872.5	33	0.318	**-627.2**	**-806.5**

-2LL 尤度比統計量　*df* 自由度　R_L^2 擬似決定係数　BIC’ ベイズ情報量基準　AIC 赤池情報量基準

女性のB7のモデルでこれらを最終的に採用した。変数効果の変化として追加されたのは、男性では出生順の直線的変化と成績の2次曲線的変化、女性では出生順、成績、意欲それぞれの直線的変化である。変数効果の変化は各コーホートに0から4までの値、そしてこれらの2乗値をあたえて、直線的または2次曲線的な変化としてみたものである。コーホートを分類として扱って変数効果の変化を追加しても、全変数主効果モデルよりも情報量基準の改善がなかった。

表3‐3は大学進学についての各モデルの結果である。大学進学についてだけ適用したトラッキング・モデルは、所属した高校コースが大学種別の進学に影響することをしめした。しかし、全変数を投入した全変数主効果モデルがもっとも良いモデルであり、高校コースによるトラッキングだけが非進学を含む大学進学の分岐を決定づけているわけではない。高校進学と同様に出身家庭の経済状況、家族構造、親の階級・階層、成績と意欲、そして高校コースなどさまざまな要因が大学進学の分岐先に影響している。また、変数効果の変化については、どの変数について追加しても情報量基準の改善がなかったので、全変数主効果モデル（男性のC7、女性のD7）を採用した。

4. 推定された変数効果

高校進学でも大学進学でも各変数の効果は、一部をのぞき、I章でみられた傾向そして既存研究で報告されてきた傾向と一致していた。出身家庭の経済状態が良いほど（耐久消費財や教養財が多いほど）、兄弟数と姉妹数が少ないほど、親の学歴と職業の階層的地位が高いほど、成績が良いほど、そして意欲が高いほど、大学受験に準備的な高校コース（とくに進学コース）に進む傾向があった。これらの各特性は、大学進学でも同じように序列の高い高等教育（男性ではとくに難関大学、女性では大学）に進ませるものだった。また高校コースについては、職業科コースにくらべて大学受験に準備的なほど（とくに進学コースが）、序列性の高い高等教育への進学を促進していた。

高校進学では、変数効果がコーホートとともに変化しているものがあった。図3-2は、進学コースへの高校進学にたいする出生順と成績の効果の変化である。変数効果は、4つの分岐先についてそれぞれ得られるが、ここでは進学コースに進む傾向（あるいは進まない傾向）をあらわす対数オッズ比をしめした（高校コースの序列で進学コースの対極にある非進学の傾向は、この図の正負を逆にした傾きである）。

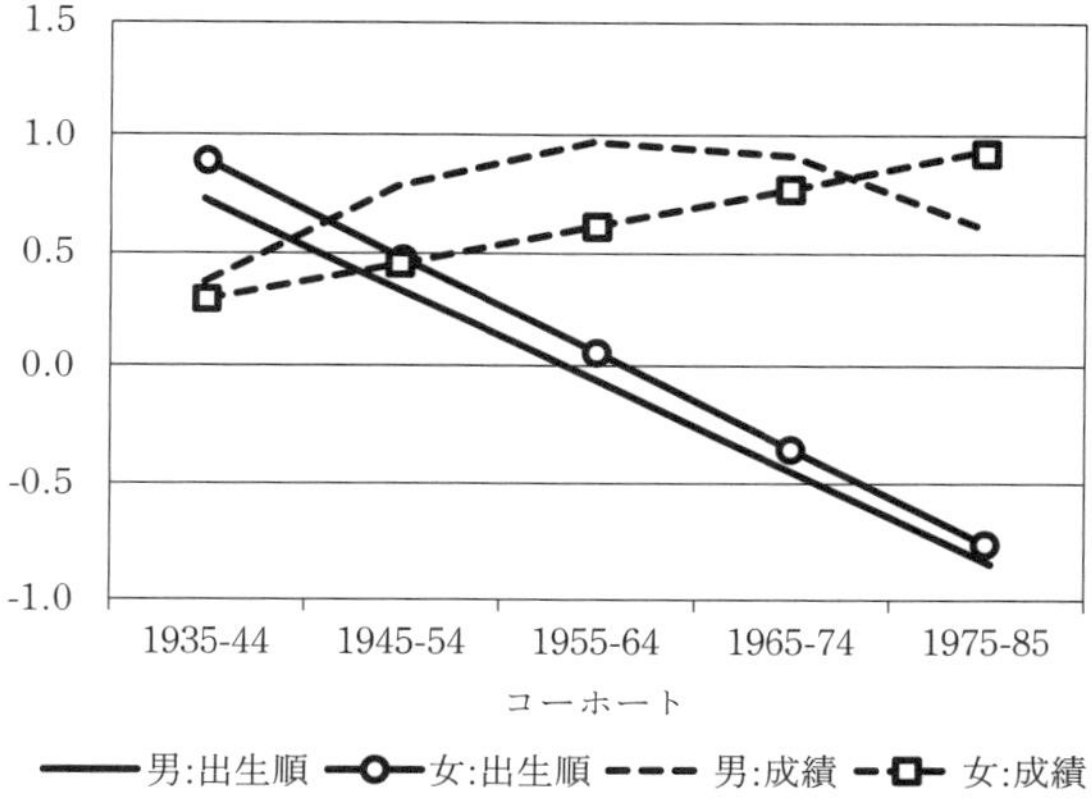

図3－2　進学コースへの高校進学にたいする出生順と学業成績の効果（対数オッズ比）

出生順の効果は、ひとりっ子にくらべてキョウダイの一番下つまり末子である場合に進学コースに進む傾向で、右下がりになっている。キョウダイの中で下のほうであることが、古いコーホートでは高校進学に有利だったが、新しいコーホートでは不利になったことを意味する。[5)] これは、高校進学では出生順位が遅いほうが有利だったのが早いほうが有利になるように変化したとする平沢（2004）と保田（2008）の指摘を支持する。[6)]

他方の成績については、5段階で測定された中学三年生時の成績で1段階良いことが進学コースへの高校進学を促進する効果をしめした。男性では一九五五～六四年出生まで高まりその後は低下したが、女性では若いコーホートほど高まっている。大学進学では、分岐先にたいする成績の効果は男女とも変化がなかった。片岡(2001)は、若いコーホートほど教育年数にたいする成績の影響が強まって、学歴獲得における成績による選抜の重要性が増加したと指摘した。また同様に尾嶋(2002)は、団塊世代以降(一九四六年出生以降)でとくに女性で成績の影響が強まって、女性における成績原理の浸透が男性のそれに近づいてきたと指摘した。以前にもまして進学が成績(学力)に左右されるようになる変化はあった。しかし、成績原理がより優越的になる変化は、高校進学に限られ大学進学ではみられず、また女性に限られず男女にみられた。さらに、男性では若いコーホートで成績の重要性の鈍化傾向がみられる。

図3-3は、進学コースへの高校進学にたいする進学意欲の効果で、「その他」の意欲にくらべて明確でより高い進学意欲をもつ場合の効果をしめしている。男性では効果の変化はない。男性で、短大までの進学意欲をもつ場合にくらべて、高校まで進

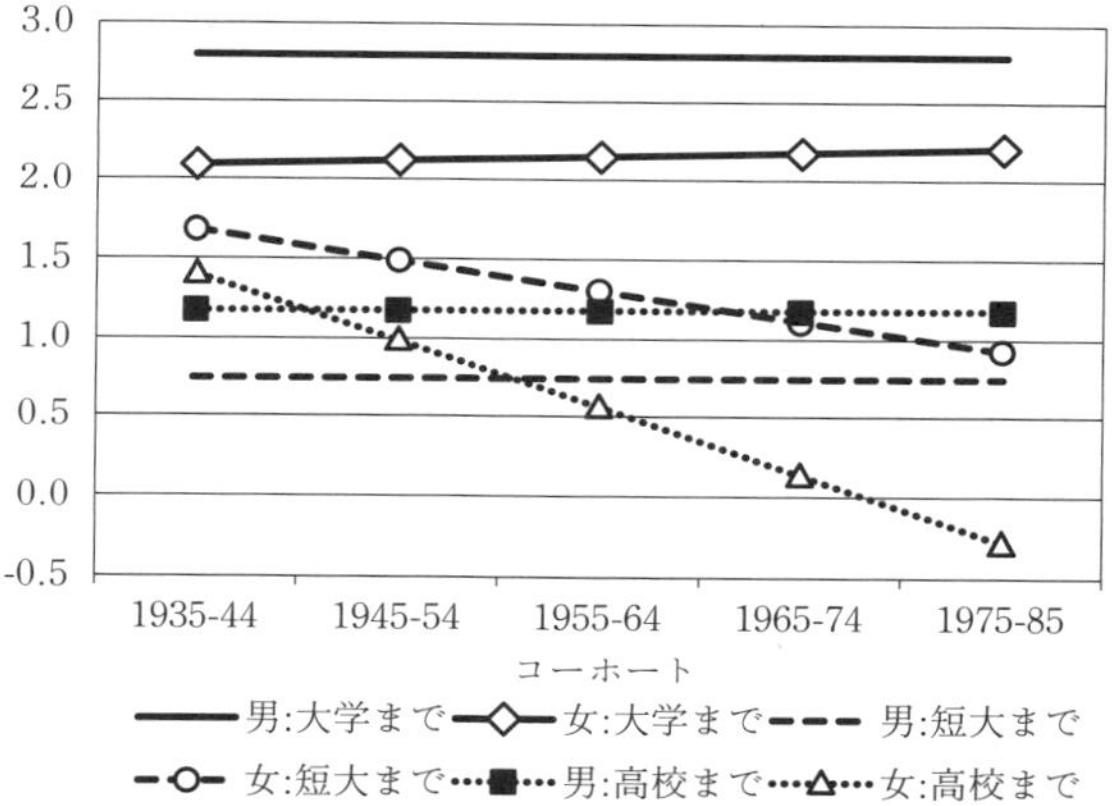

図3－3　進学コースへの高校進学にたいする進学意欲の効果（「その他」を基準とした対数オッズ比）

学する意欲をもつほうが進学コースに進学する傾向が高いのは、短大のほとんどが女子短大だったためだろう。女性では、進学コースへの高校進学にたいして、大学まで進学する意欲をもつ場合の効果に変化はほとんどないが、短大と高校まで進学する意欲をもつ場合の効果は若いコーホートほど低下している。古いコーホートでは、高校以上に進学する意欲をもっていれば進学コースの高校進学にそれほど大きな違いは生まれなかった。しかし、若いコーホートではより高い進学意欲をもたなければ進学コースの高校進学に結びつかなくなってきた。つまり女性では、進学意欲による進学格差、つまり意欲の相違が高校進学の分岐先につながる傾向の格差が大きくなってきた。

5. 直接的影響力の比較

これまでみてきた変数効果では、各変数が進学分岐にたいしてどれだけ直接的な影響力をもつかがわからない。推定された変数効果（係数）の絶対値が大きくても、誤差が大きくて統計的に有意とは限らないからである。そこで、進学分岐にたいして各変数がもつ直接的影響の大きさを擬似決定係数の変化量 ΔR_L^2 として検討した。この統計量は、ある特定のモデルからそれに含まれる変数を除去した場合の擬似決定係数の減少分で、除去した変数が従属変数にたいしてもつ直接的な影響力（予測力）をしめす。表3－4では見やすくするために $\Delta R_L^2 \times 100$ として、○・五以上を太字でしめした。○・五の場合、その変数を特定のモデル（ここでは高校進学と大学進学の採用モデル）から除去すると擬似決定係数が○・○○五ほど減少することをしめす。

コーホートの ΔR_L^2 は、各分岐先に進む傾向が出生時期によって違うこと、つまり

表3－4　高校進学と大学進学にたいする各変数の予測力：$\Delta R_L^2 \times 100$

変数	1. 高校進学の採用モデル		2. 大学進学の採用モデル		3. 大学進学の高校コース除外	
	男性	女性	男性	女性	男性	女性
コーホート[1)]	**2.210**	**3.666**	**0.881**	**1.361**	**1.060**	**2.224**
親学歴	0.257	0.470	0.175	**0.840**	0.351	**1.060**
親職業	**0.893**	**0.733**	**0.811**	0.385	**1.111**	**0.551**
自宅所有	0.002	0.008	0.032	0.069	0.022	0.040
耐久財	0.269	0.061	0.000	0.003	0.022	0.000
教養財	0.066	0.287	0.464	0.248	0.482	0.299
書籍数	0.225	0.174	0.025	0.058	0.002	0.109
兄弟数	0.322	0.109	0.210	0.076	0.332	0.114
姉妹数	0.193	0.133	0.091	0.041	0.172	0.091
出生順[1)]	0.177	0.231	0.238	0.002	0.283	0.004
ひとり親	0.065	0.227	0.204	0.082	0.269	0.070
学業成績[1)]	**3.070**	**1.267**	**1.848**	**0.770**	**3.861**	**1.642**
進学意欲[1)]	**4.799**	**3.090**	**3.262**	**4.243**	**6.928**	**6.034**
高校コース			**4.963**	**1.989**		
採用モデル $R_L^2 \times 100$	29.316	35.511	35.791	31.780	30.828	29.790

1）コーホートと他変数の交互作用がある場合はそれも同時に除去した.

マクロな高学歴化の影響力をしめす。コーホート以外をみると（以下でも同様にコーホート以外を比較する）、「1．高校進学の採用モデル」では、男女とも、進学意欲がもっとも強く（男性4.799、女性3.090）、ついで成績（男性3.070、女性1.267）が高校進学の分岐先に影響している。「2．大学進学の採用モデル」では、男性で高校コース（4.963）、意欲（3.262）、成績（1.848）の順で、女性では意欲（4.243）、高校コース（1.989）の順で強い影響がみられる。高校進学でも大学進学でも、親の学歴と職業つまり親の階層による分岐先への直接的影響はそれほど大きくない。

直接的影響力からウィスコンシン・モデル、文化資本論、相対的リスク回避説、トラッキング説への適合をみると、第一に、高校進学の分岐先を直接的に規定する主要因に意欲と成績の双方が含まれており、ウィスコンシン・モデルに適合する。第二に、男性の大学進学では、高校コースが大学進学の分岐先をもっとも強く規定するので、トラッキング説が適合する。しかし、意欲と成績も比較的に強い直接的影響力をもっており、ウィスコンシン・モデルにも適合する結果である。第三に、女性の大学進学では、意欲の影響力だけがとくに強いので相対的リスク回避説に適合し、またトラッ

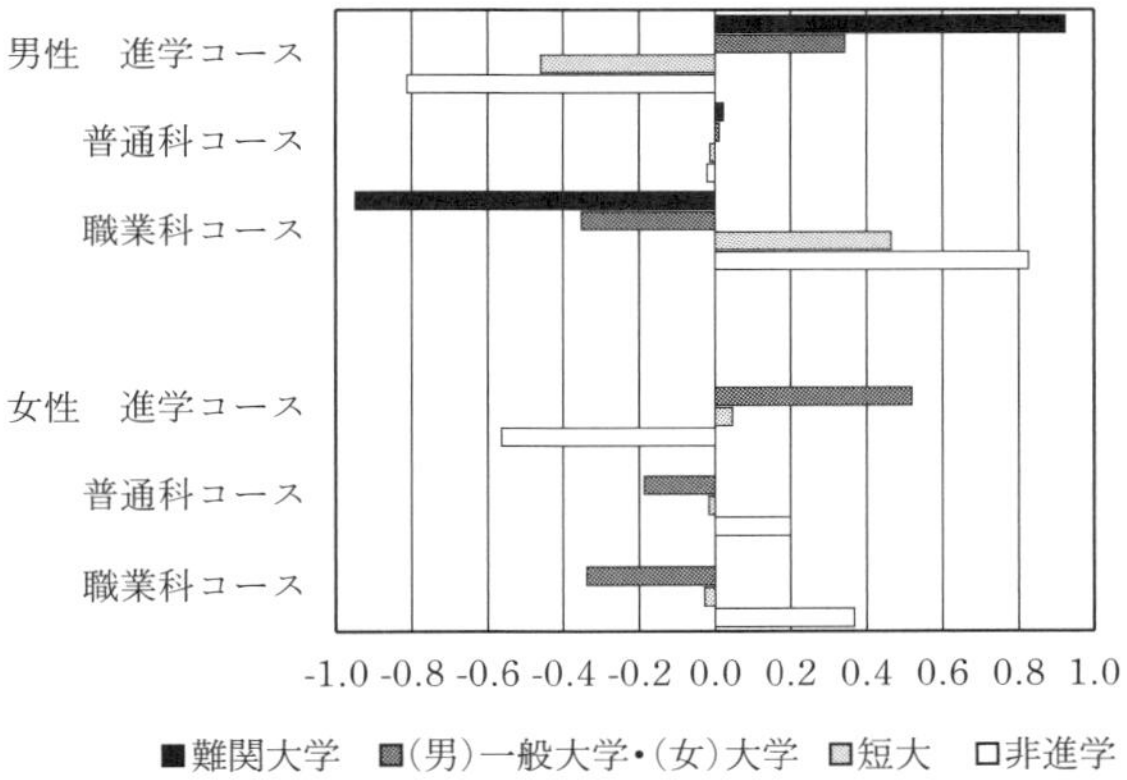

図3－4　大学進学の分岐にたいする高校コースの効果（対数オッズ比）

キング説への適合は男性ほどではない。

大学進学について男性で最大の、女性で二番目の影響力があった高校コースの変数効果を図3－4で確認しよう。この効果は正規化によって相対化したものである。男性で進学コースの効果は、難関大学ついで一般大学に進ませ、短大そしてとくに非進学に進ませないものになっている。普通科コースは各分岐先へ進む傾向にほとんど違いはない。職業科コースの場合には、難関大学ついで一般大学に進ませず、短大そしてとくに非進学に進ませる効果になっている。[7] つまり、一方で難関大学への進学が進学コースの所属者に限定される傾向、他方で職業科コースの所属者が大学に進学しない傾向というように、所属した高校コースが大学進学に序列的な影響をもつ。難関大学に進学する傾向をオッズ比であらわすと、進学コースの場合に普通科コースにくらべて約二・五倍、職業科コースにくらべて約六・五倍である。

女性では男性ほど大きな進学格差がみられない。進学コースには大学に進ませる傾向と非進学に進ませない傾向があり、普通科コースと職業科コースには大学に進ませない傾向と非進学に進ませる傾向がある。大学に進学する傾向をオッズ比であらわすと、進学コースの場合に普通科コースにくらべて約二・〇倍、職業科コースにくらべて約二・四倍である。

女性の進学格差は男性より小さいが、女性では難関大学と一般大学を合併した「大学」を使用したため、単純に比較できない。しかし、トラックとしての高校コースが大学進学におよぼす影響のしかたは男女で異なる。男性では進学、普通科、職業科の各コースは大学進学の分岐にたいして序列的な影響をもつが、女性では普通科コースと職業科コースの影響は似ていて、これらと進学コースの影響とに違いがある。つまり、大学進学にたいして、男性では序列的な高校トラックが形成されているが、女性では「進学コース」と「普通科・職業科コース」とが対照的なトラックになっている。

6. トラッキングによる媒介関係

高校進学で意欲と成績が強い影響力をもち、大学進学ではとくに男性でトラッキング説の適合が良かったことから、《意欲と成績→高校コース→大学種別》という媒介関係があると考えられる。この媒介関係を確かめるために、表3-4（69頁）の「3. 大学進学の高校コース除外」では、「2. 大学進学の採用モデル」から高校コースを除外したモデルにもとづいた各変数の直接的影響力を計算した。高校コースによる媒介関係が強ければ、その高校コースを除外したモデルでは意欲と成績の影響力が、大学進学の採用モデルよりも高まるはずである。

高校コースを除外したモデルでは、各変数の予測力は全般的に高まっているが、意欲と成績の上昇がとくに顕著である。つまり、大学進学にたいする意欲と成績の影響を高校コースが媒介する関係があり、とくに男性で顕著である。高校進学で分岐する高校コースは、意欲と成績による進学格差の一部をいったん集積して、これらの影響を大学進学に伝達する装置のようなものになっている。一部が伝達されるというのは、高校コースが投入されている採用モデルにおいても、意欲と成績がそれぞれ大学進学にたいして直接的な影響力をしめしているからである。

確かめられたのは、第一に、男性で高校と大学のトラックが結びつくトラッキングがみられ、そのトラッキングが《**意欲と成績**↓高校コース↓大学種別》という強い媒介関係の一部になっていることである。この媒介関係は、①高い進学意欲をもつことそして良い成績を獲得することが、大学進学に準備的な進学コースへの高校進学につながり、②その進学コースがより序列の高い高等教育への進学につながることを意味している。この媒介関係は、トラッキング説から予想される《**出身階層**↓高校コース↓大学種別》と②は同じだが、①は異なる。トラッキング説では、①のかわりに、親の学歴や職業が高い位置だと、大学進学に準備的な進学コースへの高校進学につながると考えられていた。第二に、女性ではトラッキングによる媒介関係が弱く、意欲の直接的影響が高校進学でも大学進学でも強いので、相対的リスク回避説が強調する媒介関係の適合が予想される。

男性では大学進学の分岐にたいする意欲と成績からの影響を高校コースが媒介していたが、女性ではその媒介関係が弱く、意欲の直接的影響が強かった。男女で強弱はあるが、ここまでみてきたトラッキングによる媒介関係のおもな発生源は意欲と成績である。しかし、この意欲と成績にたいして、たとえば親の学歴や職業が強く影響しているならば、出身階級・階層が進学格差をもたらす媒介メカニズムの発生源だということになる。そこで次章では、意欲と成績を従属変数として、これらがどの要因から強く影響されているかを検討しよう。

註

1　有名私立大学としたのは、青山学院大学、学習院大学、慶應義塾大学、上智大学、中央大学、法政大学、明治大学、立教大学、早稲田大学、同志社大学、立命館大学、関西大学、関西学院大学である。

2　耐久消費財は、風呂、応接セット、テレビ、ラジオ、ビデオデッキ、冷蔵庫、電子レンジ、電話、カメラ、パソコン・ワープロ、クーラー・エアコン、乗用車の12項目で、所有数の信頼性係数αは〇・八五八で良好であった。

3 教養財は、学習机、ピアノ、文学全集・図鑑、美術品・骨董品の4項目で、所有数の信頼性係数は〇・五七二であまり良好ではなかった。

4 通常の順序ロジットでは、従属変数のカテゴリー間に等間隔の順序性を仮定する。ステレオタイプ順序ロジットでは、従属変数のカテゴリー間に順序性を仮定するが、等間隔であることを仮定しない。

5 ひとりっ子にくらべて、キョウダイのいちばん下であることが進学コースの高校進学に結びつく傾向は、オッズ比であらわすと一九三五〜四四年出生の男性で約二・一倍、女性で約二・四倍だったが、一九七五〜八五年出生の男性で約〇・四三倍、女性で約〇・四七倍になっていた。

6 こうした変化は、古いコーホートでは下のキョウダイの遅い出生時期が高学歴化進展によって進学に有利に作用したこと、そして新しいコーホートでは上のキョウダイの進学による教育費負担が家計を圧迫して下のキョウダイの進学が不利になったことを反映している可能性がある。

7 職業科コースにみられる短大へ進学する傾向は、高等専門学校に進学した者が高校コースでは職業科コースに分類され、大学種別では短大に分類されるために現れたと考えられる。

Ⅳ――媒介メカニズム

1．学業成績と進学意欲の分析

高校進学の分岐に直接的に強く影響するのは男女とも進学意欲と学業成績だった。男性で大学進学の分岐に直接的に強く影響するのは、大学受験に準備的かという点で序列的な高校コースだった。男性では大学進学にたいする意欲と成績からの影響を高校コースが媒介する関係が顕著だったが、女性ではその媒介関係が弱く、意欲の直接的影響が強かった。これらは、最終学歴へ到達するまで媒介メカニズムにおいて、《高校コース→大学種別》というトラッキングとともに、意欲と成績が重要な役割をはたしていることをしめす。この章では、まず意欲と成績に強く影響する要因を検討し、ついで最終学歴に到達するまでの媒介メカニズムの全体像を探る。

表4－1は進学意欲、表4－2は学業成績を前章と同じ方法で分析した結果である。意欲と成績は中学三年生時のことを回顧してもらった回答なので、成績が良いために

意欲が高まるだけでなく、意欲が高いので学習に努力して良い成績をえるという双方向の影響関係が考えられる。そのため、一方を従属変数とする分析で他方を独立変数にくわえた。[1] また、成績を従属変数とするときは、他の分析結果と比較できるようにカテゴリー変数として扱った。[2]

前章の分析では、女性の高校進学と大学進学の分岐にたいして意欲が強い直接的影響力をもっていたので、相対的リスク回避説の適合が期待された。ところが各統計量（R_L^2, BIC', AIC）でみると、意欲の分析での相対的リスク回避モデルは他のモデルにくらべて良好な結果ではない。変数効果の変化も検討したが、どの変数の効果変化を追加しても改善はなかった。モデルの比較から、意欲の分析でも成績の分析でも、男女ともに全変数主効果モデルを採用した。女性の意欲の分析で文化資本モデルの BIC' が良い結果だったが AIC とは矛盾が生じたので、擬似決定係数 R_L^2 がより大きい全変数主効果モデルを採用した。

採用したモデルの擬似決定係数は、進学意欲の分析で男性が〇・一七五、女性が〇・一六一、学業成績の分析で男性が〇・一〇七、女性が〇・一一〇だった。これら

表4－1　進学意欲のモデル比較

性別／モデル	-2*LL*	*df*	R_L^2	BIC'	AIC
男性（*N*＝1692）					
G1. 家族構造—経済的制約モデル	609.2	21	0.078	-453.1	-567.2
G2. 親階層モデル	835.5	24	0.107	-657.1	-787.5
G3. 文化資本モデル	1233.8	20	0.159	-1085.1	-1193.8
G4. 相対的リスク回避モデル	695.6	21	0.089	-539.5	-653.6
G5. 成績—アスピレーション・モデル	1265.8	25	0.163	-1080.0	-1215.8
G6. 全変数主効果モデル	1357.4	33	0.175	**-1112.1**	**-1291.4**
女性（*N*＝1946）					
H1. 家族構造—経済的制約モデル	861.1	21	0.086	-702.0	-819.1
H2. 親階層モデル	879.9	24	0.087	-698.2	-831.9
H3. 文化資本モデル	1553.7	20	0.154	**-1402.2**	-1513.7
H4. 相対的リスク回避モデル	720.8	21	0.072	-561.8	-678.8
H5. 成績—アスピレーション・モデル	1482.2	25	0.147	-1292.8	-1432.2
H6. 全変数主効果モデル	1622.3	33	0.161	-1372.4	**-1556.3**

-2*LL* 尤度比統計量　*df* 自由度　R_L^2 擬似決定係数　BIC' ベイズ情報量基準　AIC 赤池情報量基準

表 4－2　学業成績のモデル比較

性別／モデル	-2*LL*	*df*	R_L^2	BIC’	AIC
男性（*N*＝1692）					
E1. 家族構造—経済的制約モデル	382. 4	26	0.039	-189.1	-330.4
E2. 親階層モデル	483. 8	29	0.049	-268.3	-425.8
E3. 文化資本モデル	523.3	24	0.053	-344.9	-475.3
E4. 相対的リスク回避モデル	943. 3	29	0.095	-727.7	-885.3
E5. 成績—アスピレーション・モデル	983.2	32	0.099	-745.3	-919.2
E6. 全変数主効果モデル	1059.9	40	0.107	**-762.6**	**-979.9**
女性（*N*＝1946）					
F1. 家族構造—経済的制約モデル	417. 2	26	0.042	-220.3	-365.2
F2. 親階層モデル	379. 2	29	0.038	-159.6	-321.2
F3. 文化資本モデル	542.8	24	0.055	-361.0	-494.8
F4. 相対的リスク回避モデル	974. 9	29	0.098	-755.2	-916.9
F5. 成績—アスピレーション・モデル	1006.9	32	0.101	-764.5	-942.9
F6. 全変数主効果モデル	1098.1	40	0.110	**-795.1**	**-1018.1**

-2*LL* 尤度比統計量　*df* 自由度　R_L^2 擬似決定係数　BIC’ ベイズ情報量基準　AIC 赤池情報量基準

表4-3　進学意欲と学業成績にたいする各変数の予測力：$\Delta R_L^2 \times 100$

変　数	進学意欲		学業成績	
	男性	女性	男性	女性
コーホート	**1.337**	**1.815**	**1.697**	**1.459**
親学歴	**0.513**	0.492	0.247	0.209
親職業	**0.992**	**0.551**	0.318	0.306
自宅所有	0.055	0.020	0.137	0.092
耐久財	0.067	0.000	0.057	0.057
教養財	0.350	**0.663**	0.311	0.141
書籍数	0.136	0.112	0.058	0.166
兄弟数	0.013	0.057	0.100	0.032
姉妹数	0.125	0.007	0.011	0.000
出生順	0.005	0.016	0.001	0.000
ひとり親	0.093	0.004	0.023	0.019
学業成績	**4.974**	**4.743**		
進学意欲			**4.413**	**4.919**
採用モデル $R_L^2 \times 100$	17.452	16.127	10.721	11.026

は、前章の高校進学分析の採用モデルでえられた男性の〇・二九三、女性の〇・三五五、大学進学分析の採用モデルでえられた男性の〇・三五八、女性の〇・三一八とくらべるとかなり低い。[3] つまり、投入した変数から高校進学と大学進学の分岐については良好に予測できるが、意欲と成績についてはそれほど予測できない。とくに成績にたいする予測力は低い。

表4-3は、採用したモデルにもとづいてそれぞれ計算した、各変数の直接的影響力$\Delta R_L^2 \times 100$である。意欲にたいする成績の影響力そして成績にたいする意欲の影響力だけがとくに高い。他にやや

表4－4　学業成績と進学意欲の関連
（学業成績の変数値にたいする対数オッズ比）

性別／学業成績（変数値）	進学意欲 大学まで	短大まで	高校まで	その他
男性				
上の方(2)	1.162	0.168	-0.496	-0.834
やや上の方(1)	0.581	0.084	-0.248	-0.417
真ん中のあたり(0)	0.000	0.000	0.000	0.000
やや下の方(-1)	-0.581	-0.084	0.248	0.417
下の方(-2)	-1.162	-0.168	0.496	0.834
女性				
上の方(2)	1.152	0.187	-0.496	-0.843
やや上の方(1)	0.576	0.093	-0.248	-0.422
真ん中のあたり(0)	0.000	0.000	0.000	0.000
やや下の方(-1)	-0.576	-0.093	0.248	0.422
下の方(-2)	-1.152	-0.187	0.496	0.843

高めの影響力がみられるのは、意欲にたいする親の学歴と職業そして教養財である。結局、意欲は成績に強く影響され、親の階層と教養財からやや影響される。他方で、成績は意欲に強く影響されるが、家族構造、経済的制約そして親の階層的地位からほとんど影響されない。表4－4は、相互に影響がもっとも強かった意欲と成績について、意欲にたいする成績の効果を取りあげたものである。「真ん中あたり」と比較して「やや上の方」「上の方」の成績になるにしたがい、より高い進学意欲をもち、「高校まで」や「その他」

の意欲をもたない傾向になっている。「やや下の方」「下の方」の成績だと逆の傾向である。

2. 進学分岐までの媒介メカニズム

これまで確認してきた強い直接的影響関係を図4−1に整理した。この図では、男女いずれかで直接的影響力 $\Delta R_1^2 \times 100$ が〇・五以上だったものだけをしめし、値が大きいほど太い矢印にしている。高校進学の分岐に強く影響するのは、男女とも進学意欲と学業成績だった。大学進学の分岐に強く影響するのは、男性では高校コース、意欲そして成績、女性では意欲と高校コースだった。意欲と成績はこれら相互の関連が強い。成績にたいする親の階層からの影響はほとんどなく、意欲にたいする親の階層からの影響はみられたがそれほど強くない。大学進学に直接的に（とくに男性で強く）影響する高校コースは、意欲と成績の影響を媒介していた。これらは、出身家族の諸特徴を発生源として(1)成績を媒介する《出身家族・階層の諸要因→**成績**→進学分岐》の影響メカニズムがほとんどないこと、同様に(2)意欲を媒介する《出身家族・階層の

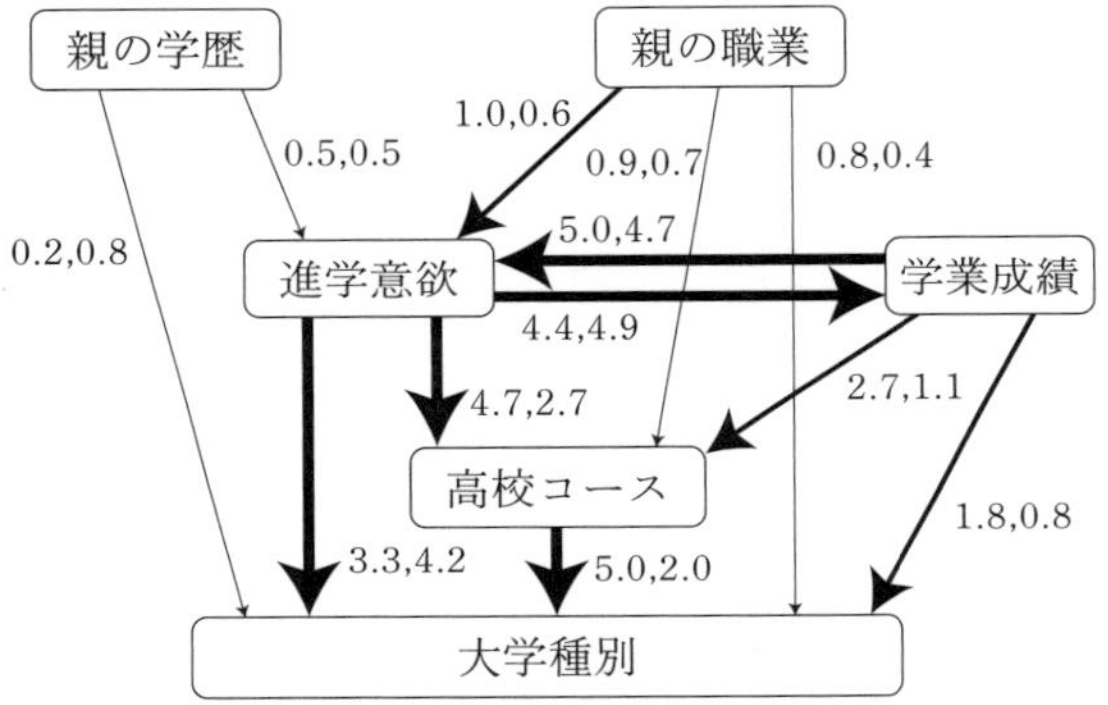

（数値は左側が男性，右側が女性）

図4－1　進学分岐にいたる影響関係（$\Delta R_L^2 \times 100$）

諸要因→**意欲**→進学分岐》の影響メカニズムがそれほど強くないことをしめす。つまり、出身家庭の家族構造や階層を発生源とする媒介メカニズムは、まったくないとはいえないが、それほど強いものではない。

これまでの分析結果でみられた媒介メカニズムは次のように整理される。出身階層や家族構造の要因からほとんど影響されない学業成績と、親の出身階層からやや影響される進学意欲は強い相互関連をもちながら、良い成績と高い意欲が大学受験に準備な高校コースへの進学を促進する。男性の大学進学では、成績と意欲から大学進学への影響を媒介するトラッキングによって、高校で大学受験に準備的なコースに所属することが、高い序列の大学種別への進学を促進する。女性の大学進学では、同様のトラッキングよりも、高い進学意欲をもつことが高い序列の大学種別への進学を直接的に促進する。

3．有力説の経験的適合

こうした分析結果から、有力説で想定されていた媒介関係についての経験的適合を評価すると次のようになる。文化資本論にもとづけば、成績が親学歴・教養財・書籍数で測定した出身家庭の文化資本から進学への影響を媒介するはずだった。女性の意欲にたいして文化資本モデルは比較的に良い結果をしめしたが、文化資本論で強調される文化資本から進学への影響を成績が媒介する関係とは一致しない。また親学歴から成績への影響がほとんどなかったので適合は悪い。

相対的リスク回避説では、意欲が親の階級（職業）から進学への影響を媒介するとされていた。とくに女性では、高校進学と大学進学にたいする意欲の予測力がもっとも高かったので相対的リスク回避説への適合が予想された。たしかに意欲は親の職業そして学歴から進学への影響の一部を媒介している。しかし、親の職業と学歴から意欲への影響はそれほど強くなく、媒介関係は弱いものでしかない。つまり、相対的リスク回避説は《親職業→意欲→進学》の媒介関係を過度に強調していることになる。

ウィスコンシン・モデルでは、成績と意欲の双方が進学にたいして強い直接的影響力をもつとされていた。成績と意欲が高校進学にも大学進学にも直接的に強く影響すること、そして成績が（意欲をのぞく）他の要因から影響を受けないことは、良好な適合をみせたといえる。しかし、ウィスコンシン・モデルで重要な要因だった認知的能力と重要な他者を投入しない結果なので、このモデルを十分に確証したとはいえない。また、トラッキングが確認されたことは、このモデルが進学格差にたいする制度・構造的な影響を看過していたことを裏づける。

トラッキング説では大学進学の分岐にたいする出身階層の影響を高校コースが媒介する関係、つまり出身階層を起点とした《出身階層→高校コース→大学種別》という媒介関係が予想された。しかし、確認されたのは大学進学の分岐にたいする意欲と成績の影響を高校コースが媒介する《意欲と成績→高校コース→大学種別》という関係で、男性で顕著だったが女性では弱いものだった。

4．意欲・成績・トラッキング

とりあげた有力説のどれかが完全に適合するような結果ではなかった。それは、一側面を強調するだけでは進学と学歴の格差を説明できないことを意味する。文化資本モデル、相対的リスク回避説、成績―アスピレーション・モデル、トラッキング・モデルなどよりも、全般にわたって全変数の主効果を投入したほうが適切なモデルで予測力（擬似決定係数）も高かった。いいかえれば、進学格差を生み出すのは複合的な過程であり、どの説もその複合的過程の一側面を強調した説明だということになる。さまざまな面からみた出身家庭背景から学歴格差にいたる影響の媒介メカニズムは、文化資本論、相対的リスク回避説、トラッキング説のように出身階級・階層（親の職業と学歴）を起点とする媒介関係に還元できるような単純なものではなかった。

しかし、進学と学歴の格差をもたらす中核的なメカニズムもある。男性についてはウィスコンシン・モデルとトラッキング説を組み合わせたものとして描ける。つまり、進学意欲と学業成績から進学への影響の多くを高校トラックが媒介する関係が、学歴格差をもたらすもっとも中核的な影響関係だという説明である。ただし女性については、進学意欲から進学への直接的影響が学歴格差をもたらす中核的な影響関係であり、それに弱いトラッキング効果が付加される。

男性では高校と高等教育のあいだで序列的トラッキングが形成されており、高校で大学受験により有利な体制をもつ高校コースに進むことが、高学歴そして難関大学卒という学歴獲得をより確実にする。そのため、中学生時代から高い進学目標への意欲をもち、良い成績を獲得しようとする。

女性では、男性ほど顕著な序列的トラッキングがなく、高校進学でも高等教育進学でも進学意欲が進路・進学先をもっとも強く規定していた。序列的トラッキングが顕著でなかったのは、女性の大学種別について難関大学と一般大学を大学に合併したことが作りだした可能性を否定できない。しかし、すくなくとも一九八五年までに出生した女性の難関大学への進学者はきわめて少なかったので、難関大学へ結びつくトラッキングがあったとしても、それはごく一部に限定されてきたはずである。むしろ、日本特有の女子高・女子短大・女子大への進学、限定された専門分野の高等教育進学などのジェンダー・トラック（中西 1998）が、序列的トラッキングを顕在化させてこなかったと考えられる。

女性の4年制大学進学の増加にともないジェンダー・トラックが弱まり、高校と大学の序列的トラッキングが顕在化するという予想を描ける。その予兆は、女性で、学業成績そして進学意欲による高校コース別進学格差が拡大してきたこと（図3-2と図3-3）である。これらは、高校進学に限られていたが、4年制大学そして難関大学への進学者増加によって、女性でも高校と大学の序列性が結びつく序列的トラッキングが顕在化すると考えられる。そして、トラッキングの顕在化にともなって、《意欲と成績→高校コース→大学種別》という男性と同じ媒介関係が強まり、進学意欲の高等教育進学にたいする直接的影響力が低減すると予想される。

このように女性の学歴格差をもたらす媒介メカニズムが男性のそれに近づき、男女で中核的メカニズムが同質化するという未来図を描ける。しかし、その中核的メカニズムの起点はいまだにブラックボックスの中にある。つまり、何が進学意欲と学業成績の相違を作りだすのかという問題である。出身階層は進学意欲と学業成績にまったく影響しないわけではない。しかし、出身階層に還元して説明できるほどの予測力がないことは、階級還元論や階層還元論による説明の限界をしめしている。

註

1 ウィスコンシン・モデルでは成績から意欲への一方向的な影響だけが強調された。これは意欲の測定以前に成績を測定した縦断調査データを使用したためである。

2 成績をカテゴリー変数と扱っても、各カテゴリー間に量的変数として扱う場合に近い順序性がみられた。分析の結果えられた成績（5分類）の順序スケールは成績の「上の方」から「下の方」まで、男性では0.587, 0.362, 0.017, -0.312, -0.654、女性では0.551, 0.389, 0.012, -0.261, -0.691だった。

3 表3-4では、コーホート変数の直接的影響が比較的大きい。しかし、コーホート変数を採用モデルから除外しても、高校進学について男性で〇・三三一、女性で〇・三一八、大学進学について男性で〇・三四九、女性で〇・三〇四といずれも高い擬似決定係数がえられた。

おわりに――さらなる疑問

社会階層研究で出身家庭背景と進学・学歴格差の関係を扱う研究では、最近数十年で有力な説が拮抗する混迷状況が現れてきた。そうした有力説とは、一九六〇年代から研究成果を蓄積してきたウィスコンシン・モデル、そしてより最近の文化資本論、相対的リスク回避説、トラッキング説だった。どのような要因と媒介メカニズムが進学と学歴の格差をもたらすのかについて、これらのそれぞれが異なる説明を提示していた。実証研究は増加したが、どれか一つ説の説明を取りあげて検証するものがほとんどで、各説の説明を比較して優劣を検討することはされなかった。そのため、どの説が提示する要因と媒介メカニズムがより確かなのかが、実証研究の増加とともにいっそう不鮮明になる状況が現れた。

本書のこれまでの分析では、各説が提示する要因と媒介メカニズムを比較しながら、それらの日本社会における経験的適合性を明らかにすることを目指してきた。その比較は、ウィスコンシン・モデルにおける認知的能力と重要な他者、そして文化資本論における身体化された文化資本を投入できなかったことなど、完全なものではなかったが、可能な限り各説を対等に扱ってきた。その結果、進学意欲と学業成績が高校進学にも大学進学にも強く影響しており、ウィスコンシン・モデルの適合が良いことをしめした。また、その進学意欲と学業成績にたいする出身階級・階層（親の職業と学歴）の影響が弱いかほとんどなかったことは、出身階級や出身階層を進学・学歴格差の発生源とした媒介メカニズムから説明する文化資本論と相対的リスク回避説の適合が悪いことをしめした。

総じてウィスコンシン・モデルに整合する結果だったが、完全な適合をしめしたわけではない。高校進学と大学進学の分岐における序列的トラッキングが確認されたことは、このモデルが制度的・構造的な影響を看過する欠点をもつことをしめしていた。そのトラッキングの起点は社会階層研究におけるトラッキング説とは違っていた。その起点は出身階級・階層ではなく、進学意欲と学業成績だった。こうした序列的トラッキングが他の要因の影響も考慮したうえで男性に顕著なものとして確認されたことは、重要だろう。

近年の社会階層研究では、出身階級・階層による学歴格差という既存の研究成果にもとづき、「なぜ出身階級・階層が進学と学歴の格差をもたらすか」という疑問に答えようとしてきた。それは、文化資本論と相対的リスク回避説にもとづく実証研究の急増に現れていた。しかし、これらの説は出身階級・階層を発生源としてこれらに還元する説明形式であるという限界をしめした。分析の結果は、出身階級・階層ではなく、進学意欲と学業成績が起点となった二つの影響関係、つまり進学分岐にたいする強い直接的影響とトラッキングを媒介した影響をしめしていた。

何が進学格差を作りだしているのか。進学意欲と学業成績という起点まではさかのぼれたが、その進学意欲と学業成績の相違を作りだす発生源が何かを突き止めることはできていない。進学意欲にたいして親の学歴と職業がある程度影響するが弱いものでしかないことは確かめることができた。高（低い）意欲と良い（悪い）成績という強い相互関連があることから、成績の善し悪しが進学意欲の高低を強く左右しているのかもしれない。しかし、高い進学目標と意欲をもつために学習に努力して良い成績をとるという逆の影響関係もあるので、一方向的な影響だと断定できない。何が高い進学目標を子どもにもたせるのかは疑問のままである。

学業成績についても、進学意欲をのぞけば、ここまで検討してきた要因はほとんど影響力をもたなかった。子どもの学力を高める要因としてさまざまなものが指摘されている。親の教育にたいする熱心さ、塾や家庭教師などの学校外教育、規則正しい生活習慣などである。しかし、学業成績の相違をもたらす発生源として、ウィスコンシン・モデルで採用されていた認知的能力が有力な候補だろう。学業成績の分析結果では、進学意欲以外のどれからもほとんど影響されておらず、ウィスコンシン・モデルの研究成果と整合していた。また、認知的能力が学力をとおして成績に影響することは、どれほど強い影響関係であるかは別にして、否定できないだろう。さらに、高い認知的能力が高い学力と良い成績をもたらし、これらが高い進学意欲をもたらす（あるいは親や教師など重要な他者による進学の助言やはげましを媒介して高い進学意欲をもたらす）という影響関係も検討の俎上にあがる。いいかえると、進学意欲の相違をもたらす発生源の一端が認知的能力にまでさかのぼれるかもしれない。日本の大規模社会調査で認知的能力を含むデータが存在しないという現実的な限界はあるが、その影響を考慮しなくて良いことにはならない。そして、こうした発生源の探索は、発生源と目された要因の発生源は何か、と芋づるをたぐるように続くのかもしれない。

トラッキングにしても、使用した調査データの制約のもとで高校コースそして大学種別として分類したトラックは試行的なものにすぎない。トラックの分類について妥当性の高い他の分類があるのかもしれない。学校単位の偏差値に対応する細分化されたトラックがあるのかもしれない。あるいは地域ごとに公立と私立の進学トラックが違うかもしれない。一貫教育校はそれぞれ独自のトラックを形成しているかもしれない。また、確認したのは高校から高等教育へのトラッキングだが、トラッキングはもっと初期から始まっているのかもしれない。もっとさかのぼって、小中学校あるいは幼児教育の段階からあるのかもしれない。

かつて一九六〇年代のアメリカで公民権運動が高まるさなかに、教育の機会均等にかんするコールマン・レポートと呼ばれる報告書がだされた（Coleman *et al.* 1966）。この報告書では、教育格差にかんして物質的資源配分（教育予算や施設等）の実態から検討された。教育の人種間格差が資源配分の偏りから生まれているのではないかという予想に反して、カリキュラム編成、教員配置の点で学校格差がほとんどないこと、これらの違いが学業成績に影響を与えていないことを明らかにした。しかし同時に、資源配分に違いがないにもかかわらず、白人と黒人の成績格差が上の学年になるほど拡大していたことも明らかにした。われわれが解明しようと追い求めている発生源は、コールマン・レポートが示唆するように、一つだけとりあげればそれほど大きくない有利・不利が重なりあい蓄積して、結果としては大きな格差になっているのかもしれない。あるいは、認知的能力のように、日本ではまだベールに覆われた発生源があるのかもしれない。いずれにしても、発生源の探索をやめるわけにはいかない。

付記：本書は下記論文をもとにして大幅に加筆修正したものである。とくに使用した統計モデルとその分析結果（係数）について参照されたい。鹿又伸夫．2013.「出身階層と学歴格差―階層論的説明の比較―」『人間と社会の探究（慶應義塾大学大学院社会学研究科紀要）』76:1-28.

多喜弘文. 2011. 「日・独・米における学校トラックと進学期待・職業期待―学校と職業の接続に着目して―」『社会学評論』62(2):136–52.
太郎丸博. 2007. 「大学進学率の階級間格差に関する合理的選択理論の検討―相対的リスク回避仮説の1995年 SSM 調査データによる分析―」『大阪大学大学院人間科学研究科紀要』33:201–12.
Tieben, N., P. M. De Graaf, and N. D. De Graaf., 2010. "Changing Effects of Family Background on Transitions to Secondary Education in the Netherlands: Consequences of Educational Expansion and Reform." *Research in Social Stratification and Mobility* 28:77–90.
Van de Werfhorst , H. G. and S. Hostede. 2007. "Cultural Capital or Relative Risk Aversion? Two Mechanisms for Educational Inequality Compared." *British Journal of Sociology* 58(3):391–415.
保田時男. 2008. 「教育達成に対するきょうだい構成の影響の時代的変化」『大阪商業大学論集』150:115–25.
Yamamoto, Y. and M. Brinton. 2010. "Cultural Capital in East Asian Educational Systems: Case of Japan." *Sociology of Education* 83(1):67–83.
余田翔平. 2012. 「子ども期の家族構造と教育達成格差―二人親世帯／母子世帯／父子世帯の比較―」『家族社会学研究』23(1):60–71.

56(2):141–58.

Roscigno, V. and J. W. Ainsworth-Darnell. 1999. “Race, Cultural Capital, and Educational Resources: Persistent Inequalities and Achievement Returns.” *Sociology of Education* 72(3):158–78.

Rosenbaum, J. E. 1980. “Track Misperceptions and Frustrated College Plans: An Analysis of the Effects of Tracks and Track Perceptions in the National Longitudinal Survey.” *Sociology of Education* 53(2):74–88.

Sewell, W. H., A. O. Haller, and G. W. Ohlendorf. 1970. “The Educational and Early Occupational Attainment Process: Replication and Revision.” *American Sociological Review* 35(6):1014–27.

Sewell, W. H. and R. M. Hauser. 1975. *Education, Occupation, and Earnings: Achievement in the Early Career*. New York: Academic Press.

Sewell, W. H., R. M. Hauser, K. W. Springer and T. S. Hauser. 2004. “As We Age: A Review of the Wisconsin Longitudinal Study, 1957–2001.” *Research in Social Stratification and Mobility* 20:3–111.

Shavit. Y. 1984. “Tracking and Ethnicity in Israeli Secondary Education.” *American Sociological Review* 49(2):210–20.

Steelman, L. C., B. Powell, R. Werum, and S. Carter. 2002. “Reconsideration the Effects of Sibling Configuration: Recent Advances and Challenges.” *Annual review of Sociology* 28:243–69.

Stocké, V. 2007. “Explaining Educational Decision and Effects of Families’ Social Class Position: An Empirical Test of Breen-Goldthorpe Model of Educational Attainment.” *European Sociological Review* 23(4):505–19.

Sullivan, A. 2001. “Cultural Capital and Educational Attainment.” *Sociology* 35(4):893–912.

中西祐子・中村高康・大内裕和. 1997.「戦後日本の高校格差成立過程と社会階層—1985年 SSM 調査データの分析を通じて—」『教育社会学研究』60:61–82.

Need, A. and U. De Jong. 2000. "Educational Differentials in the Netherlands: Testing Rational Action Theory." *Rationality and Society* 13(1):71–98.

尾嶋史章. 2002.「社会階層と進路形成の変容—90年代の変化を考える—」『教育社会学研究』70:125–41.

尾嶋史章・近藤博之. 2000.「教育達成のジェンダー構造」盛山和夫編『日本の階層システム4 ジェンダー・市場・家族』東京大学出版会：27–46.

Ono, H. 2001. "Who Goes to College? Features of Institutional Tracking in Japanese Higher Education." *American Journal of Education* 109(2):161–95.

Powell, B. and L. C. Steelman. 1989. "The Liability of Having Brothers: Paying for College and the Sex Composition of the Family." *Sociology of Education* 62:134–47.

Powell, B. and L. C. Steelman. 1990. "Beyond Sibship Size: Sibling Density, Sex Composition, and Educational Outcomes." *Social Forces* 69(1):181–206.

Powell, B. and L. C. Steelmaan. 1993. "The Educational Benefits of Being Spaced Out: Sibship Density and Educational Progress." *American Sociological Review* 58(3):367–81.

Powell, B. and L. C. Steelman. 1995. "Feeling the Pinch: Child-Spacing and Constraints on Parental Economic Investments in Children." *Social Forces* 73(4):1465–86.

Raftery, A. E. and M. Hout. 1993. "Maximally Maintained Inequality: Expansion, Reform, and Opportunity in Irish Education, 1921–75." *Sociology of Education* 66(1):41–62.

Retherford, R. D. and W. H. Sewell. 1991. "Birth Order and Further Tests of the Confluence Model." *American Sociological Review*

Lareau, A. 1987. "Social Class Differences in Family-School Relationships: The Importance of Cultural Capital." *Sociology of Education* 60(2):73–85.

Lareau, A. 2002. "Invisible Inequality: Social Class and Childrearing in Black Families and White Families." *American Sociological Review* 67(5):747–76.

Lareau, A. and E. M. Horvat 1999. "Moments of Social Inclusion and Exclusion. Race, Class and Cultural Capital in Family-School Relationships." *Sociology of Education* 72(1):37–53.

Lucas, S. R. 1999. *Tracking Inequality: Stratification and Mobility in American High Schools*. New York: Teachers' College Press.

Lucas, S. R. 2001. "Effectively Maintained Inequality: Education Transitions, Track Mobility, and Social Background Effects." *American Journal of Sociology* 106(6):1642–90.

Mare, R. D. 1980. "Social Background and School Continuation Decisions." *Journal of American Statistical Association* 75: 295–305.

Mare, R. D. 1981. "Changes and Stability in Educational Stratification." *American Sociological Review* 46: 72–87.

耳塚寛明. 2007. 「小学校学力格差に挑む　だれが学力を獲得するのか」『教育社会学研究』80:23–39.

直井優・藤田英典. 1978. 「教育達成過程とその地位形成効果」『教育社会学研究』33:91–105.

中澤渉. 2008. 「進学アスピレーションに対するトラッキングと入試制度の影響」『東洋大学社会学部紀要』46(2):81–94.

中西祐子. 1998. 『ジェンダー・トラック―青年期女性の進路形成と教育組織の社会学―』東洋館出版社.

中西祐子. 2000. 「学校ランクと社会移動　トーナメント型社会移動規範が隠すもの」近藤博之編『日本の階層システム3　戦後日本の教育社会』東京大学出版会：37–56.

Hypothesis." *Research in Social Stratification and Mobility* 27: 1–12.
Kalmijn, M. and G. Kaaykamp. 1996. "Race, Cultural Capital, and Schooling: An Analysis of Trends in the United States." *Sociology of Education* 69(1):22–34.
片岡栄美. 1997. 「家族の再生産戦略としての文化資本の相続」『家族社会学研究』9:23–38.
片岡栄美. 2001. 「教育達成過程における家族の教育戦略—文化資本効果と学校外教育投資効果のジェンダー差を中心に—」『教育学研究』68(3):259–73.
片瀬一男. 2005. 『夢の行方　高校生の教育・職業アスピレーションの変容』東北大学出版会.
Katsillis, J. and R. Rubinson 1990. "Cultural Capital, Student Achievement, and Educational Reproduction: The Case of Greece." *American Sociological Review* 55(2):270–79.
苅谷剛彦. 2001. 『階層化日本と教育危機—不平等再生産から意欲格差社会へ—』有新堂.
苅谷剛彦. 2008. 『学力と階層　教育の綻びをどう修正するか』朝日新聞出版.
吉川徹. 2006. 『学歴と格差・不平等』東京大学出版会.
吉川徹. 2009. 『学歴分断社会』筑摩書房.
厚生労働省. 2011. 「平成22年国民生活基礎調査の概況」厚生労働省ホームページ（http://www.mhlw.go.jp/toukei/saikin/hw/k-tyosa/k-tyosa10/）.
近藤博之. 1996. 「地位達成と家族—キョウダイの教育達成を中心に—」『家族社会学研究』8:19–31.
近藤博之・古田和久. 2009. 「教育達成の社会経済的格差—趨勢とメカニズムの分析—」『社会学評論』59(4):682–97.
Kuo. H.-H. D. and R. Hauser. 1997. "Wow Does Size of Sibship Matter? Family Configuration and Family Effects on Educational Attainment." *Social Science Research* 26(1):69–94.

Goldthorpe, J. H. 2000. *On Sociology: Numbers, Narratives, and the Integration of Research and Theory*. Oxford: Oxford University Press.

浜田宏. 2009. 「相対的リスク回避モデルの再検討―Breen and Goldthorpe モデルの一般化―」『理論と方法』24(1):57–75.

Hallinan, M. T. 1996. "Tracking Mobility in Secondary School." *Social Forces* 74(3):983–1002.

Hansen, M. N. 2008. "Rational Action Theory and Educational Attainment: Changes in the Impact of Economic Resources." *European Sociological Review* 24(1):1–17.

平尾桂子. 2006. 「教育達成ときょうだい構成―性別間格差を中心に―」日本家族社会学会全国家族調査委員会『第2回家族についての全国調査第2次報告書』2：17–27.

平沢和司. 2004. 「家族と教育達成―きょうだい数・出生順位を中心に―」渡邊秀樹・稲葉昭英・嶋崎尚子編『現代家族の構造と変容』東京大学出版会：327–46.

平沢和司・片瀬一男. 2008. 「きょうだい構成と教育達成」米沢彰純編『教育達成の構造』SSM調査シリーズ5, 2005年社会階層と社会移動全国調査研究会：1–17.

Holm, A. and M. M. Jæeger. 2008. "Does Relative Risk Aversion Explain Educational Inequality? A Dynamic Choice Approach." *Research in Social Stratification and Mobility* 26:199–219.

稲葉昭英. 2011. 「ひとり親家庭における子どもの教育達成」佐藤倫嘉・尾嶋史章編『現代の階層社会［1］格差と多様性』東京大学出版会：239–52.

Jæger, M. M. 2009a. "Equal Access but Unequal Outcomes: Cultural Capital and Educational Choice in a Meritocratic Society." *Social Forces* 87(4):1943–72.

Jæger, M. M. 2009b. "Sibship Size and Educational Attainment: A Joint Test of the Confluence Model and the Resource Dilution

De Graaf, N. D., P. M. De Graaf and G. Kraaykamp. 2000. "Parental Cultural Capital and Educational Attainment in the Netherlands: A Refinement of the Cultural Capital Perspective." *Sociology of Education* 73(2):92–111.

DiMaggio, P. 1982. "Cultural Capital and School Success: The Impact of Status Culture Participation on the Grade of U.S. High School Students." *American Sociological Review* 47(2):189–201.

DiMaggio, P. and J. Mohr. 1985. "Cultural Capital, Educational Attainment, and Marital Selection." *American Journal of Sociology* 90(6):1231–61.

Dumais, S. A. 2002. "Cultural Capital, Gender, and School Success: The Role of Habitus." *Sociology of Education* 75(1):44–68.

Erikson, R. and J. H. Goldthorpe. 2002. "Intergenerational Inequality: A Sociological Perspective." *Journal of Economic Perspective* 16(3):31–44.

Featherman, D. and R. Hauser. 1978. *Opportunity and Change*. New York: Academic Press.

藤原翔. 2011. 「Breen and Goldthorpe の相対的リスク回避説の検証—父親の子どもに対する職業・教育期待を用いた計量分析—」『社会学評論』62(1):18–35.

藤原翔. 2012. 「きょうだい構成と地位達成—きょうだいデータに対するマルチレベル分析による検討—」『ソシオロジ』57(1):41–57.

Gamoran, A. and R. D. Mare. 1989. "Secondary School Tracking and Educational Equality: Compensation, Reinforcement, or Neutrality?" *American Journal of Sociology* 94(5):1146–83.

Georg, W. 2004. "Cultural Capital and Social Inequality in the Life Course." *European Sociological Review* 20(4):333–44.

Goldthorpe, J. H. 1996. "Class Analysis and the Reorientation of Class Theory: The Case of Persistent Differentials in Educational Attainment." *British Journal of Sociology* 47(3):481–505.

Bourdieu, P. et J.-C. Passeron 1970. *La Reproduction: éléments pour une théorie du système d'enseignement.* Paris: Edition de Minuit.（宮島喬訳『再生産　教育・社会・文化』藤原書店，1991年）

Bourdieu, P. 1977. "Cultural Reproduction and Social Reproduction." pp.487–511 in *Power and Ideology in Education*, edited by J. Karabel and A. H. Halsey. New York: Oxford University Press.

Breen, R. and J. H. Goldthorpe. 1997. "Explaining Educational Differentials: Towards a Formal Action Theory." *Rationality and Society* 9(3):275–305.

Breen, R. and J. O. Jonsson. 2005. "Inequality of Opportunity in Comparative Perspective: Recent Research on Educational Attainment and Social Mobility." *Annual Review of Sociology* 31:223–43.

Breen, R. and M. Yaish, 2006. "Testing the Breen-Goldthorpe Model of Educational Decision Making." pp.232–58 in *Mobility and Inequality: Frontiers of Research in sociology and Economics*, edited by S.D. Morgan, D. B. Grusky and G. S. Fields. Stanford: Stanford University Press.

Coleman, J. S., E. Q. Campbell, C. J. Hobson, J. McPartland, A.M. Mood, F. D. Weinfeld, and R. L. York. 1966. *Equality of Educational Opportunity*. Washington: U. S. Government Printing Office (Reprint, Arno Press, 1979).

Crook, C. J. 1997. *Cultural Practices and Socioeconomic Attainment: The Australian Experience*. Westport, Conn: Greenwood Press.

Davies, R., E. Heinesen and A. Holm. 2002. "The Relative Risk Aversion Hypothesis of Educational Choice." *Journal of Population Economics* 15(4):683–713.

De Graaf, P. M. 1986. "The Impact of Financial and Cultural Resources on Educational Attainment in the Netherlands." *Sociology of Education* 59(4):237–46.

文　献

荒牧草平．2002．「現代高校生の学習意欲と進路希望の形成—出身階層と価値志向の効果に注目して—」『教育社会学研究』71:5–23.

荒牧草平．2008．「大衆教育社会の不平等—多項トランジッション・モデルによる検討—」『群馬大学教育学部紀要　人文・社会科学編』57:235–48.

荒牧草平．2010．「教育の階級差生成メカニズムに関する研究の検討：相対的リスク回避仮説に注目して」『群馬大学教育学部紀要　人文・社会科学編』59:167–80.

Aschaffenburg, K. and I. Maas. 1997. "Cultural and Educational Careers: The Dynamics of Social Reproduction." *American Sociological Review* 62(4):573–87.

Barone, C. 2006. "Cultural Capital, Ambition and the Explanation of Inequalities in Learning Outcomes." *Sociology* 40(6):1039–58.

Becker, R. 2003. "Educational Expasion and Persistent Inequality of Education: Utilizing Subjective Expected Utility Theory to Explain Increasing Participation Rates in Upper Secondary School in the Federal Republic of Germany." *European Sociological Review* 19(1):1–24.

Blake, J. 1985. "Number of Siblings and Educational Mobility." *American Sociological Review* 50(1):84–94.

Blake, J. 1989. *Family Size and Achievement*. Berkeley: University of California Press.

Blau, P. M. and O. D. Duncan. 1967. *The American Occupational Structure*. New York: The Free Press.

Boudon, R. 1973. *L' Inégalité des Chances: La mobilité sociale dans sociétés industrielles,* Paris: Libraire Armand Colin.（杉本一郎・山本剛郎・草壁八郎訳『機会の不平等　産業社会における教育と社会移動』新曜社，1983年）

鹿又伸夫（かのまた　のぶお）
1954年生。慶應義塾大学文学部教授。
1984年、慶應義塾大学大学院社会学研究科博士課程単位取得退学。博士（行動科学）。専門は社会階層と社会移動、比較社会学。主な著書に『機会と結果の不平等—世代間移動と所得・資産格差—』（ミネルヴァ書房、2001年）、『質的比較分析』（共編著、ミネルヴァ書房、2001年）ほか。

慶應義塾大学三田哲学会叢書
何が進学格差を作るのか
——社会階層研究の立場から

2014年 8 月20日　　初版第 1 刷発行

著者————————鹿又伸夫
発行————————慶應義塾大学三田哲学会
〒108-8345　東京都港区三田2-15-45
http://mitatetsu.keio.ac.jp/
制作・発売所——慶應義塾大学出版会株式会社
〒108-8346　東京都港区三田2-19-30
TEL〔編集部〕03-3451-0931
〔営業部〕03-3451-3584〈ご注文〉
〃　03-3451-6926
FAX〔営業部〕03-3451-3122
振替　00190-8-155497
http://www.keio-up.co.jp/
装丁————————耳塚有里
組版————————株式会社キャップス
印刷・製本————中央精版印刷株式会社

Printed in Japan　ISBN978-4-7664-2167-5

「慶應義塾大学三田哲学会叢書」の刊行にあたって

ars incognita

このたび三田哲学会では叢書の刊行を行います。本学会は、1910年、文学科主任川合貞一が中心となり哲学専攻において三田哲学会として発足しました。1858年に蘭学塾として開かれ、1868年に慶應義塾と命名された義塾は、1890年に大学部を設置し、文学、理財、法律の3科が生まれました。文学科には哲学専攻、史学専攻、文学専攻の3専攻がありました。三田哲学会はこの哲学専攻を中心にその関連諸科学の研究普及および相互理解をはかることを目的にしています。

その後、1925年、三田出身の哲学、倫理学、社会学、心理学、教育学などの広い意味での哲学思想に関心をもつ百数十名の教員・研究者が集まり、相互の学問の交流を通して三田における広義の哲学を一層発展させようと意図して現在の形の三田哲学会が結成されます。現在会員は慶應義塾大学文学部の7専攻（哲学、倫理学、美学美術史学、社会学、心理学、教育学、人間科学）の専任教員と学部学生、同大学院文学研究科の2専攻（哲学・倫理学、美学美術史学）の専任教員と大学院生、および本会の趣旨に賛同する者によって構成されています。

1926年に学会誌『哲学』を創刊し、以降『哲学』の刊行を軸とする学会活動を続けてきました。『哲学』は主に専門論文が掲載される場で、研究の深化や研究者間の相互理解には資するものです。しかし、三田哲学会創立100周年にあたり、会員の研究成果がより広範な社会に向けて平易な文章で発信される必要性が認められ、その目的にかなう媒体が求められることになります。そこで学会ホームページの充実とならんで、この叢書の発刊が企図されました。

多分野にわたる研究者を抱える三田哲学会は、その分、多方面に関心を広げる学生や一般読者に向けて、専門的な研究成果を生きられる知として伝えていかなければならないでしょう。私物化せず、死物化もせずに、知を公共の中に行き渡らせる媒体となることが、本叢書の目的です。

ars incognita　アルス インコグニタは、ラテン語ですが、「未知の技法」という意味です。慶應義塾の精神のひとつに「自我作古（我より古を作す）」、つまり、前人未踏の新しい分野に挑戦し、たとえ困難や試練が待ち受けていても、それに耐えて開拓に当たるという、勇気と使命感を表した言葉があります。未だ知られることのない知の用法、単なる知識の獲得ではなく、新たな生の技法（ars vivendi）としての知を作り出すという本叢書の精神が、慶應義塾の精神と相まって、表現されていると考えていただければ幸いです。

慶應義塾大学三田哲学会